PHILANTHROPIE
ET DÉVELOPPEMENT DE L'AFRIQUE

Collection « Études africaines »

dirigée par Denis Pryen et son équipe

Forte de plus de mille titres publiés à ce jour, la collection « Études africaines » fait peau neuve. Elle présentera toujours les essais généraux qui ont fait son succès, mais se déclinera désormais également par séries thématiques : droit, économie, politique, sociologie, etc.

Dernières parutions

Dieudonné ENIYANKITAN OLABIYI OTEKPO, *Assainir la vie publique en Afrique. Une éthique politique pour la bonne gouvernance*, 2021.

Arthur VIDO, *Biographie du roi Kpengla du Danhomè,* 2019.

Claude IGUMA WAKENGE, *Stade coltan, Extraction minière artisanale, réformes et changement social à l'est de la République démocratique du Congo,* 2019.

Phidias AHADI SENGE MILEMBA, *États de l'État en Afrique, Des déficiences fonctionnelles aux perspectives d'un horizon possible*, 2019.

Nestor Kobenan TAN, *L'Église au défi des identités, Pastorale de l'interculturalité en Côte d'Ivoire*, 2019.

Gervais MUBERANKIKO, *La protection du locataire-gérant en droit OHADA, Nouvelle édition*, 2019.

Mamadou Diarafa DIALLO, *L'hygiène en milieu de soins au Mali, Entre représentations, normes et pratiques,* 2019.

Galedi NZEY, *La formation des professeurs du second degré au Gabon (1971-2010)*, 2019.

Olivier FANDJIP, *Le temps dans le contentieux administratif en droit français et des États d'Afrique francophone*, 2019.

Olivier FANDJIP, *Les mutations récentes de la justice administrative en Afrique francophone. Étude critique à partir du modèle camerounais*, 2019.

Placide MALUNG'MPER AKPANABI, *L'éducation aux valeurs chez les Ding orientaux en RDC, De 1885 à nos jours, tome 1, 2 et 3, 2019.*

Sous la direction de
Saouré Kouamé

PHILANTHROPIE ET DÉVELOPPEMENT DE L'AFRIQUE

Préface de Mamadou Biteye
et Postface de Jean-Marc Fontan

L'Harmattan

5-7, rue de l'École-Polytechnique - 75005 Paris
www.editions-harmattan.fr

ISBN : 978-2-336-50484-1
EAN : 9782336504841

SOMMAIRE

CONTRIBUTEURS

Universitaires, membres du PhiLab, Unité de recherche sur la philanthropie en Afrique

- Saouré Kouamé, Professeur agrégé de stratégie, École de gestion Telfer, Université d'Ottawa, Canada
- Lynda Rey, Professeure à l'École nationale d'administration publique (ENAP) de Montréal, Canada
- Sambou Ndiaye, Enseignant chercheur en sociologie, Université Gaston Berger de Saint-Louis, Sénégal
- Odwa Atari, Professeur associé, Département de géographie et géologie, Université Nipissing, Canada
- Manuel Litalien, Professeur associé, Département du bien-être social et du développement social, Université Nipissing, Canada
- Amina Wazoumi Ignanoné, Doctorante en management, Université de Sherbrooke, Canada
- Anaïs Del Bono, Doctorante en management, HEC Montréal, Canada
- Eric Koba Dagnon, Doctorant, Université du Québec à Montréal (UQAM), Canada
- Honoré Gbedan, Doctorant en sociologie, Université Laval, Canada
- Jean-Claude Kouadio, Chercheur post-doctorat en sociologie, Université de Rennes, France
- Patrick Yoda, Doctorant en entrepreneuriat, École de gestion, UQAM, Canada

Praticiens, experts du secteur philanthropique africain et du développement

- Aude Anquetil, Coordonnatrice du développement des écosystèmes philanthropique, WINGS
- Bathylle Missika, Cheffe de division des réseaux, des partenariats et de l'égalité des genres (Division en charge de la philanthropie), Centre de développement, OCDE

- Ebrima Sall, Directeur Exécutif, TrustAfrica
- Jimm Chick Fomunjong, Directeur de la gestion des connaissances et communication, West Africa Civil Society Institute (WACSI)
- Luther Yaméogo, Responsable principal de l'engagement avec la société civile, chargé du plaidoyer et des partenariats, Banque africaine de développement (BAD)
- Nelson Amaya, Directeur de la recherche sur la philanthropie, OCDE
- Rose Maruru, Fondatrice et Directrice générale de EPIC-Africa

PRÉFACE

La philanthropie est souvent perçue comme un acte de générosité, un geste altruiste qui vient en aide à ceux qui en ont besoin. Cependant, dans le contexte africain, elle revêt une dimension bien plus complexe et significative. Ce livre, intitulé *Philanthropie et développement de l'Afrique*, nous invite à explorer cette complexité et à repenser la philanthropie comme un levier stratégique pour le développement durable du continent.

Cet ouvrage collectif, dirigé par Saouré Kouamé, PhD, est rédigé par des universitaires membres de l'unité de recherche sur la philanthropie en Afrique du PhiLab, ainsi que par des praticiens et des experts du secteur philanthropique africain et du développement (BAD, EPIC-Africa, OCDE, TrustAfrica, WACSI, et WINGS). Reconnu pour son expertise en matière de philanthropie et de développement, Dr Kouamé a su rassembler ces universitaires et praticiens, créant ainsi une plateforme de réflexion essentielle sur le rôle de la philanthropie sur le continent. Nous sommes invités à repenser la philanthropie dans une perspective de développement. À travers une approche innovante, cet ouvrage contribue à éclairer les enjeux contemporains du secteur, tout en favorisant des pratiques philanthropiques plus efficaces et inclusives.

Nous pouvons tirer des enseignements précieux pour l'Afrique. Par exemple, en revisitant l'histoire des pratiques philanthropiques internationales, cet ouvrage suggère que la philanthropie ne doit pas être considérée comme un simple complément aux efforts gouvernementaux, mais comme une approche intégrée au développement. En effet, les expériences passées montrent que des initiatives bien conçues peuvent transformer des vies et renforcer les capacités des communautés.

Ceci est d'autant plus important que l'Afrique est à un carrefour. Les défis auxquels elle fait face, qu'il s'agisse de l'accès à l'éducation, de la santé, de la souveraineté alimentaire, de la promotion du commerce, de l'intégration régionale ou de la lutte contre les changements climatiques, exigent des solutions innovantes et collaboratives. Ce livre se propose d'analyser comment la philanthropie peut jouer un rôle central dans cette quête de solutions en mobilisant des ressources financières, des compétences, des connaissances et un engagement collectif.

Mon parcours m'a permis de constater combien la philanthropie peut transformer des vies. Ayant travaillé dans le secteur pendant des décennies et soutenu des initiatives valant des milliards de dollars américains, j'ai été témoin de l'impact direct de projets bien conçus, allant du soutien à l'éducation à la création d'emplois pour les jeunes. Chaque initiative a renforcé ma conviction que, lorsqu'elle est bien intégrée dans une stratégie de développement, la philanthropie ne se limite pas à des dons, mais devient un catalyseur de changement durable.

Le livre offre une analyse approfondie des divers types de philanthropie présents en Afrique, y compris la philanthropie privée, la philanthropie de la diaspora et la philanthropie horizontale. Chaque chapitre explore comment ces différentes formes d'engagement peuvent s'articuler pour créer des synergies et maximiser l'impact. En tant que professionnels, académiciens et acteurs de la société civile, nous avons la responsabilité de mieux comprendre ces dynamiques pour promouvoir une philanthropie véritablement inclusive et durable.

L'émergence de nouveaux acteurs philanthropiques en Afrique est un thème récurrent dans cet ouvrage, par exemple avec une emphase sur les nouveaux acteurs qui jouent un rôle structurant dans la philanthropie sur le continent, tels que TrustAfrica, la Fondation Mo Ibrahim, l'African Women's Development Fund et l'African Capacity Building Foundation. Les diasporas jouent aussi un rôle de plus en plus crucial dans le financement et la mise en œuvre de projets de développement. Leur engagement peut servir de pont entre les ressources disponibles à l'étranger et les besoins pressants sur le continent. Ce livre souligne l'importance de créer des mécanismes permettant de canaliser ces ressources de manière efficace.

En outre, la philanthropie horizontale, qui privilégie les échanges et les partenariats locaux, représente une approche prometteuse pour le développement communautaire. Ce modèle favorise le développement participatif, dans lequel les communautés sont actrices de leur propre changement. Les programmes de formation, de soutien à l'entrepreneuriat et d'initiatives environnementales illustrent comment une approche collaborative peut conduire à des résultats durables.

L'un des défis majeurs abordés dans ce livre est la nécessité de combler le fossé des données en matière de philanthropie en Afrique. Le manque d'informations fiables et accessibles entrave souvent l'efficacité des initiatives. Pour construire un écosystème philanthropique solide, il est crucial de développer des infrastructures de soutien qui permettent de mieux comprendre et évaluer l'impact des programmes. Les banques multilatérales et les institutions de développement ont un rôle clé à jouer dans ce processus, en fournissant des ressources financières, des connaissances et des bonnes pratiques.

Le chapitre sur le rôle des banques multilatérales souligne comment ces institutions peuvent collaborer avec les acteurs locaux pour renforcer les capacités et soutenir des projets à haute valeur ajoutée. L'idée est de créer des synergies entre les différents acteurs pour maximiser l'impact collectif. Cela nécessite une vision partagée et un engagement à long terme.

En conclusion, *Philanthropie et développement de l'Afrique* est plus qu'un simple recueil d'analyses ; c'est un appel à l'action. En tant qu'acteurs de changement, nous avons tous un rôle à jouer dans la transformation de notre continent. La philanthropie, lorsqu'elle est bien comprise et mise en œuvre, peut être un puissant levier pour améliorer les conditions de vie des populations et construire un avenir durable.

Je vous invite à plonger dans ce livre, à en explorer les chapitres et à réfléchir sur les manières dont vous pouvez contribuer au développement de l'Afrique. Ensemble, faisons de la philanthropie une force de transformation, un vecteur d'espoir et d'opportunités pour les générations à venir.

Mamadou Biteye
Secrétaire exécutif, Fondation pour le renforcement des capacités en Afrique – African Capability Building Foundation (ACBF, Agence spécialisée de l'Union africaine pour le renforcement des capacités)

CHAPITRE 1

Introduction : Repenser la philanthropie dans une perspective de développement.

Saouré Kouamé[1]

Le continent africain est traversé par de profonds questionnements sur son développement, notamment sur les stratégies les plus appropriées pour une transformation socio-économique durable. La philanthropie fait partie des solutions auxquelles l'on pense le moins, vu qu'elle est souvent associée à des actes de charité ou tout au plus à de l'aide à des communautés dans le besoin, sans faire le lien avec les stratégies de développement. Pourtant, il y a des raisons de croire que la philanthropie peut être un levier de développement. L'un des changements les plus marquants dans le financement du développement depuis les années 1990 est l'émergence de nouveaux acteurs philanthropiques aux côtés des institutions de Bretton Woods en crise de légitimité dans leur capacité à résoudre efficacement les enjeux socio-économiques. Par exemple, l'OCDE, le PNUD et la Banque mondiale, sur la base d'études du secteur philanthropique, soulignent qu'il comporte des flux financiers importants provenant de l'international qui peuvent aider à la résolution de grands problèmes sociaux. À côté de la philanthropie internationale, il y a la philanthropie domestique souvent sous-estimée, mais qui a un potentiel important.

Cet ouvrage porte une réflexion sur cette place de la philanthropie dans le développement du continent, en réunissant des contributeurs praticiens et universitaires qui s'intéressent et/ou œuvrent dans le secteur philanthropique. Leurs

[1]Saouré Kouamé est Professeur agrégé de stratégie, École de gestion Telfer, Université d'Ottawa, Canada

connaissances, expériences et aspirations se conjuguent dans les chapitres qui suivent afin d'apporter un regard neuf sur le secteur tout en ouvrant la voie à des perspectives tant instructives que constructives mettant l'emphase sur la promotion de stratégies centrées sur les communautés, renforcées par l'innovation et adaptées au contexte local.

Repenser les approches de développement au-delà des États

Une question importante qui a émergé lors de l'initiation de ce livre est : *comment définir le développement ? Plus particulièrement, qu'entendons-nous par développement de l'Afrique ?* Amartya Sen, philosophe et économiste indien, qui a été professeur à l'université Harvard, a été très influent sur la conceptualisation du développement. Il a offert l'idée d'approcher le développement comme la liberté qu'on donne aux individus et les conditions qu'on crée pour leur permettre d'utiliser leur plein potentiel et se réaliser. Ses travaux ont inspiré l'Indice de développement humain (IDH) développé par le PNUD dans les années 1990 comme indicateur du niveau de développement des pays. Cet indice est aujourd'hui utilisé pour comparer les pays sur trois éléments clés (niveau de revenu par habitant, l'espérance de vie à la naissance, et le niveau d'éducation). Sans surprise, les pays africains sont généralement au bas du classement mondial sur ces indicateurs de développement, vu le niveau de pauvreté élevé. Ce qui dénote une urgence d'agir sur le continent pour améliorer le niveau de développement.

Il faut toutefois noter que les questions de pauvreté ont leur part de subjectivité, qui ne sont pas toujours reflétées dans les indicateurs, tels que l'IDH. Ensuite, le développement est avant tout un projet de société qu'une nation ou un continent se donne à un moment donné de son histoire. C'est toujours une réponse temporaire qui est amenée à évoluer en fonction des enjeux qui émergent. Par exemple, l'Union africaine s'est donné son propre agenda de développement (*The Africa We Want*/l'Afrique que nous voulons) à l'horizon 2063, avec comme aspirations avoir « une Afrique prospère fondée sur la croissance inclusive et le développement durable » ou « une Afrique qui agit en tant qu'acteur et partenaire fort, uni et influent sur la scène mondiale » parmi tant d'autres. À côté de ces ambitions formulées collectivement par plusieurs nations, les pays se donnent individuellement des ambitions et des stratégies de développement qui tiennent compte de leurs contextes spécifiques. Le point commun à ces agendas de développement est l'amélioration des conditions de vie des populations et l'assurance d'un futur meilleur pour les populations. C'est dans cet esprit que ce livre a été fait. Nous partons du point de vue que, pour atteindre les objectifs de développement que les nations se donnent sur le continent africain, cela demandera des transformations structurelles et institutionnelles substantielles, qui dépassent souvent la capacité des politiciens et des gouvernants. L'action de la société civile, et plus spécifiquement de la philanthropie, peut jouer un rôle complémentaire pour impulser ces changements systémiques.

Une philanthropie pour le développement

Notre principal argument dans cet ouvrage est que la philanthropie peut jouer un rôle dans l'accompagnement du processus de développement de l'Afrique, d'une part par les ressources financières pour traiter des causes liées à la pauvreté, mais aussi l'influence sur les politiques, stratégies, ainsi que les innovations visant à transformer le système social (structurel et institutionnel) qui freinent les ambitions de prospérité des nations. La philanthropie a souvent été définie comme « l'amour de l'humanité » ou l'aide à son prochain dans le besoin, poussé par un sentiment altruiste, et manifeste via le don. De ce fait, l'attention de beaucoup d'écrits sur la philanthropie est sur le don et la relation donateur-bénéficiaire. Ces écrits tendent à scruter les motivations qui sont derrière l'acte de don, les causes qui intéressent les acteurs et la façon d'attirer plus de dons. À la différence, nous nous focalisons sur la philanthropie comme « un secteur » —d'autres parleraient d'une industrie de la philanthropie—qui comporte une diversité d'acteurs visant à améliorer les conditions de vies des populations. Les stratégies individuelles et collectives déployées par ces acteurs, ainsi que leurs actions peuvent produire des résultats plus ou moins importants sur le développement des nations africaines selon leur pertinence et efficacité.

La première conséquence de cette approche de la philanthropie est que cela implique, entre autres, une meilleure connaissance et orchestration de l'écosystème philanthropique sur le continent, la complémentarité entre acteurs pour avoir un impact à plus grande échelle. Ainsi, nous scrutons dans cet ouvrage qui sont les acteurs de ce secteur, leurs moyens d'action et leurs approches. Par exemple, nous mettons l'accent sur les acteurs de la philanthropie institutionnalisée tels que les fondations africaines petites et grandes, ainsi que les fondations internationales. Nous mettons aussi l'accent sur la philanthropie tirée par la culture et les pratiques locales et considérée comme non institutionnalisée, mais qui représente une grande partie de la philanthropie sur le continent. Nous nous concentrons aussi sur la philanthropie de la diaspora et d'autres acteurs de cet écosystème philanthropique tels que les organisations de la société civile, les organisations de développement, les institutions gouvernementales, ainsi que les universitaires.

La seconde conséquence est d'approcher la philanthropie dans une perspective stratégique, à savoir les stratégies d'impacts utilisées par les acteurs pour guider leurs actions. Nous prenons comme postulat de départ que les moyens mobilisés par le secteur philanthropique sont importants (estimés à plusieurs milliards de dollars), mais très marginaux comparés aux moyens mobilisés par les États ou même par l'aide internationale pour l'appui au développement sur le continent. Ce ne sont donc pas les moyens financiers en eux-mêmes qui vont faire la différence, mais les stratégies déployées par ces acteurs pour mieux utiliser le peu de moyens dont ils disposent. Nous mettons l'accent sur le fait que ces stratégies vont bien au-delà du simple soutien au secteur de la société civile, qui se limite souvent à l'investissement dans des causes telles que les maladies, la malnutrition et l'éducation. La philanthropie peut être aussi un levier pour influencer la gouvernance et les politiques des nations, le secteur industriel et tous les autres leviers structurels et institutionnels qui empêchent les nations africaines de progresser sur la voie de la prospérité.

En somme, cet ouvrage invite à penser la philanthropie sur le continent dans une perspective de développement, en questionnant sa place et son rôle en tant que secteur. L'idée n'est pas d'aborder tous les sujets relatifs à ces enjeux de développement, mais de discuter certains points clés. Nous espérons que les sujets abordés dans les chapitres provoqueront d'autres réflexions utiles à l'avancée des connaissances, politiques et pratiques philanthropiques sur le continent africain et ailleurs.

Témoins d'un *momentum* sur le continent

Les contributeurs et contributrices sont d'abord des praticiens qui proviennent d'organisations support au secteur philanthropique telles que TrustAfrica, EPIC-Africa, WACSI, et WINGS et des organisations de développement telles que l'OCDE et la Banque africaine de développement (BAD). Ces organisations jouent un rôle structurant sur le continent africain en donnant de la voix, en organisant et renforçant le secteur philanthropique afin d'accroître son impact sur la résolution des problèmes sociaux et le développement du continent.

TrustAfrica joue un rôle structurant très important dans cet univers depuis ces vingt dernières années, avec des initiatives qui ont donné plus de visibilité à la philanthropie. Cette organisation est au cœur du mouvement philanthropique sur le continent appelé le *African Philanthropy* (ou la philanthropie africaine) qui veut donner une place plus importante à la philanthropie propre réalités africaines. TrustAfrica tente de nouer des liens entre les acteurs philanthropiques du continent via l'organisation, chaque année, de la conférence africaine sur la philanthropie. Ebrima Sall, directeur exécutif de TrustAfrica, est contributeur à ce livre avec une réflexion sur les changements en cours dans le secteur philanthropique et ses implications pour le développement.

EPIC-Africa tient une place singulière dans l'univers philanthropique africain en abordant la question cruciale de l'utilisation des ressources philanthropiques dans les organisations de la société civile et de l'efficacité globale du secteur philanthropique. Cette organisation a créé des prix d'excellence pour reconnaître les actions des acteurs de la société civile et ainsi stimuler les actions qui ont de l'impact. Rose Maruru, co-fondatrice de EPIC-Africa, partage cette expérience singulière.

WACSI (West Africa Civil Society Institute) fait partie des rares organisations d'envergure qui se dédient à renforcer les capacités des organisations de la société civile sur le continent africain. Ces dernières années, cette organisation s'est engagée activement à améliorer la relation de pouvoir entre les acteurs internationaux et les acteurs locaux à travers des projets tels que *Shift the Power*. Jimm Chick Fomunjong, membre de l'équipe de direction de WACSI, partage cette expérience et ses réflexions sur cet enjeu important de relation de pouvoir.

WINGS est un acteur clé de la philanthropie au niveau international, en regroupant le plus grand réseau d'organisations philanthropiques présent dans plus de 80 pays. Cette organisation travaille avec les acteurs philanthropiques dans différents endroits du monde pour renforcer les capacités du secteur et les encourager à avoir un plus grand impact collectif. Depuis 2018, WINGS déploie un ensemble d'actions visant à renforcer les écosystèmes philanthropiques sur le continent africain. Cette organisation tient aussi des conférences annuelles avec les membres de son réseau en Afrique, notamment la dernière qui s'est tenue en 2023 à Nairobi. Aude Anquetil, qui a assumé la responsabilité du projet Afrique partage ses initiatives transformatrices pour l'univers philanthropique et ses implications pour l'impact global du secteur.

L'OCDE est un témoin privilégié et accompagnateur des grands changements qui s'opèrent en matière de développement sur tous les continents. Depuis quelques années la philanthropie fait partie des grands enjeux abordés par cette organisation, en produisant des rapports sur le lien entre philanthropie et développement. Cette organisation a aussi organisé à Paris en 2023 une conférence dédiée à la philanthropie et au développement du continent africain regroupant des acteurs africains et internationaux et tient chaque année une rencontre avec son réseau international regroupant les organisations leaders du secteur philanthropique pour réfléchir sur les enjeux du secteur et le lien avec le développement. Bathylle Missika et Nelson Amaya qui sont chargés de ces questions et activités au sein de l'OCDE contribuent à cet ouvrage avec leurs constats et réflexions sur le potentiel de la philanthropie privée pour le développement du continent africain.

La Banque africaine de développement (BAD), à l'instar d'autres banques de développement, a commencé à donner plus d'importance à la philanthropie et aux organisations de la société civile dans les stratégies de développement du continent. Luther Yaméogo, qui est chargé de la relation avec la société civile au sein de cette organisation, partage l'expérience de cette banque de développement avec le secteur de la philanthropie.

En plus de ces praticiens, il y a la contribution d'universitaires établis qui s'intéressent à divers sujets sur la philanthropie sur le continent. Il s'agit notamment de Sambou Ndiaye, de l'Université Gaston Berger de Saint-Louis au Sénégal, qui nous livre sa réflexion sur le lien entre la philanthropie dite horizontale en Afrique (traditionnelle) et le développement, ainsi que Odwa Atari et Manuel Litalien, de l'Université Nipissing au Canada, qui nous livrent un aperçu sur la philanthropie de la diaspora. Lynda Rey, professeur à l'École nationale d'administration publique (ENAP) de Montréal et cadre supérieur à GAVI, a apporté ses deux points de vue, académique et pratique, sur la question des relations de pouvoir dans le secteur philanthropique. Il y a aussi la contribution de chercheurs émergents, Amina Wazoumi Ignanoné de l'Université de Sherbrooke (Canada), Jean-Claude Kouadio de l'université de Rennes (France), Honoré Gbedan de l'Université Laval (Canada), Anaïs Del Bono de HEC Montréal (Canada), Patrick Yoda et Eric Koba de l'UQAM (Montréal). Tous passionnés par les questions de philanthropie, leur contribution a été très importante pour pousser plus loin certains sujets abordés dans cet ouvrage.

En tant que témoins privilégiés des changements dans le secteur philanthropique, ces praticiens et universitaires partagent leurs constats, expériences et réflexions avec une diversité de points de vue.

CHAPITRE 2

Philanthropie pour le développement des nations africaines : Quels enseignements tirer de l'histoire des pratiques philanthropiques internationales ?

Saouré Kouamé[1]

Les écrits sur l'histoire du mouvement philanthropique mondial utilisent en général une perspective critique dans le but de démontrer que la philanthropie est utilisée comme instrument de domination et d'asservissement au profit d'intérêts mercantilistes de quelques ultrariches. Dans ce chapitre, nous utilisons une perspective différente, qu'on pourrait qualifier de stratégique, pour offrir une relecture de cette histoire afin de tirer quelques enseignements sur le potentiel de la philanthropie pour le développement des nations africaines. Cette perspective se veut pragmatique, plutôt qu'idéaliste, et questionne les pratiques actuelles au regard des tendances mondiales.

L'approche idéaliste serait de considérer la philanthropie dans sa forme basique de charité religieuse, de soutien mutuel communautaire, avec une logique de don sans intérêt. Cette façon d'approcher la philanthropie a tendance à valoriser une forme purement altruiste et humanitaire. L'approche pragmatique prend en compte le fait que la philanthropie est devenue un instrument stratégique, et donc qu'il serait utopique de vouloir la limiter ou la ramener à sa forme idéalisée et perçue comme originelle. Ici le mot stratégique est important, car il ne s'agit plus de considérer le don comme un acte altruiste dénué de tout intérêt, mais comme un levier d'influence pour le développement. Dans ce cas, la philanthropie s'inscrit dans un

---

[1] Saouré Kouamé est Professeur agrégé de stratégie, École de gestion Telfer, Université d'Ottawa, Canada

« agenda » de développement plus large que ce qu'on peut anticiper, incluant une dimension économique.

Le développement des pays, vu comme le progrès des nations sur l'échelle de la qualité de vie de leurs populations sur toutes les dimensions, se fonde sur des leviers à la fois sociaux et économiques. Si la dimension sociale de la philanthropie est souvent plus explicite et officielle, la dimension économique est plus discrète car perçue par le grand public comme trahissant la logique de la philanthropie originelle. Toutefois, l'histoire de certaines nations occidentales témoigne du fait que cette dimension économique de la philanthropie a joué un rôle clé dans l'impact de la philanthropie sur le développement de ces nations. La philanthropie a servi de levier de développement via les ressources, idéologies, pouvoirs, etc., qu'elle apporte aux nations.

Les hommes et femmes d'affaires ultrariches concentrent le plus ces leviers d'influence, si bien qu'ils sont devenus les premiers acteurs de cette philanthropie pour le développement. Cependant, il y a d'autres formes de philanthropie qui exercent aussi une influence, à savoir les philanthropies communautaires, religieuses et traditionnelles. Comme nous allons le montrer dans ce chapitre, il serait trompeur de penser que ces autres types de philanthropie peuvent échapper à cette perspective stratégique si elles veulent avoir un impact plus substantiel sur le développement global des nations.

Philanthropie au service du développement des nations occidentales et à leur positionnement stratégique à l'international

L'impact de la philanthropie sur le développement de certaines nations occidentales est plus important qu'on ne pense souvent. L'exemple le plus frappant et connu est celui des États-Unis qui a impulsé la philanthropie moderne et dont le modèle est devenu dominant à travers le temps. L'objectif dans cette section n'est pas de revenir en détail sur cette histoire, mais de donner quelques repères afin de comprendre comment la philanthropie a servi les intérêts de développement de ces nations. Le point principal est que la philanthropie est passée du simple rôle de soutien à des individus et à des communautés dans le besoin à un véritable levier de développement à la fois social et économique, parfois au détriment d'autres nations ou communautés. Notre objectif avec la relecture de cette histoire est moins dans une approche critique. Nous voyons cela comme une opportunité pour questionner et repositionner l'approche de la philanthropie dans les stratégies de développement du continent africain.

L'Amérique et l'émergence de la philanthropie pour le développement

Au début du XVIe siècle, l'Amérique n'était qu'une colonie très dépendante de l'Europe. En l'espace de trois siècles, le pays a connu un développement extraordinaire, surpassant les nations européennes pour s'imposer comme la première puissance mondiale. Le leadership qu'a pris l'Amérique sur le monde tire en partie son origine dans l'usage de la philanthropie par des leaders religieux, hommes d'affaires et politiciens pour soutenir le développement de leur nation en émergence. L'une des premières actions les plus documentées est celle de Boston[1]. En 1638, John Harvard, un clergé de Boston, fait un don non pas pour soutenir uniquement des œuvres de charité, mais aussi pour soutenir le développement du *Harvard College* (devenu aujourd'hui l'Université Harvard). D'autres acteurs, tels que des hommes d'affaires, ont suivi cet exemple et légué une partie de leur fortune pour soutenir le développement d'institutions publiques de Boston. Ces pionniers ont ouvert une nouvelle perspective dans le rôle de la philanthropie en investissant dans des secteurs stratégiques qui peuvent soutenir le développement de cette nouvelle colonie. Les autorités gouvernementales, ainsi que certains politiciens influents, ont perçu l'importance de ces actions et en ont fait la promotion à plus grande échelle. Par exemple, Cotton Mather (1663-1728), un homme religieux

---

[1]Pour plus de détails, voir Peter Dobkin Hall : "A Historical Overview of Philanthropy, Voluntary Associations, and Nonprofit Organizations in the United States, 1600–2000". Nous résumons quelques points clés ici.

influent de Boston, fit la promotion d'une nouvelle doctrine philanthropique qui serait d'utiliser les dons des riches pour soutenir les écoles, collèges et hôpitaux. Benjamin Franklin (1706-1790), l'un des pères fondateurs de la nation américaine, avait été influencé par ces idées lorsqu'il vivait à Boston. Il a donc adopté cette doctrine dans ses actions visant à promouvoir le développement de sa nation. Cet appel pour un plus grand rôle de la philanthropie dans la sphère publique a inspiré la création et le soutien des premières institutions universitaires telles que Harvard, Yale, Columbia, Brown ou Pennsylvania qui ont joué un rôle clé dans le développement de la nation américaine aux XVIIIe et XIXe siècles.

Le second moment fondateur le plus connu est celui de l'homme d'affaires Andrew Carnegie (1835-1919). À la fin du XIXe siècle, les actions de Carnegie ont donné une autre envergure à la philanthropie pour le développement de la nation américaine. À cette époque, il était l'un des hommes les plus riches d'Amérique et donc l'un des plus influents dans le pays. S'inscrivant dans la lignée des pionniers de Boston, il utilisa sa fortune et son influence pour investir dans des secteurs publics prioritaires. En 1889, il écrit une lettre d'invitation à ses pairs, *The Gospel of Wealth*, sur la nécessité d'utiliser leur fortune pour le bien public, affirmant *« que c'est plus noble de donner sa richesse pour des causes, que de mourir avec sa fortune ».* Cet appel est cité jusqu'à présent comme l'élément déclencheur de l'expansion de la philanthropie à l'américaine dans le monde. Carnegie créa une fondation et la dota de la quasi-totalité de sa fortune avant sa mort. Son appel a été entendu. Comme Carnegie, les industriels les plus riches de leur époque, John D. Rockefeller, ainsi que la famille de Henry Ford, ont créé leurs fondations, donnant naissance aux trois grandes fondations qui exerceront une influence sur le développement de la nation américaine au XXe siècle : Carnegie Corporation (1911), Rockefeller Foundation (1913), Ford Foundation (1936).

Dans les années 1970, le sociologue américain Edward H. Berman réalisa une enquête approfondie sur l'influence de ces fondations, Carnegie, Ford, Rockefeller sur la politique américaine. Son constat était que « ces trois fondations avaient une plus grande influence sur les différents secteurs de la société américaine qu'on peut le penser »[1]. Ces fondations ont été au cœur de tous les enjeux stratégiques importants qu'ont traversés les États-Unis au XXe siècle, contribuant très significativement à étendre la puissance et l'hégémonie de la nation américaine. À l'échelle nationale, elles ont contribué à renforcer les institutions qui influent sur l'économie prospère du pays, en finançant notamment l'éducation de l'élite, la recherche et l'innovation, la paix et la stabilité. Ces fondations ne faisaient pas que donner des moyens financiers, elles ont influencé l'élaboration des politiques gouvernementales et toutes les institutions majeures qui encadrent le développement social et économique du pays. Elles ont surtout renforcé le « capitalisme américain », reconnu comme facteur de prospérité de cette nation.

Ces fondations ont été aussi des actrices clés de la politique d'expansion de leur nation, en particulier dans la période d'après la Seconde Guerre mondiale, à l'échelle internationale. Ainsi, la Fondation Rockefeller a fortement influencé la stratégie des États-Unis d'après-guerre, via son étude portant sur les stratégies post-guerre, *War-peace study project* (1939), qui a suggéré comment la nation américaine pourrait accroître le spectre d'influence de son économie en Europe et dans les pays en voie de développement, à la fin de la guerre. Ces conclusions ont servi de base à la définition du plan d'action post-guerre, en particulier le plan Marshall visant à aider la reconstruction de l'Europe affaiblie au sortir de la guerre. Paul Hoffman, président de la Fondation Ford, fut nommé par le président Truman comme directeur du plan Marshall. Ce plan a aidé à renforcer la présence économique et la domination américaine en Europe.

Une autre stratégie importante suggérée par l'étude de la Fondation Rockefeller a été la création de la Banque mondiale (1944-1945). Officiellement, cette banque avait été mise en place pour aider les pays en développement à sortir du « sous-développement » (terme employé à l'époque). En réalité, elle

---

[1]Pour plus de détails, voir Edward H Berman (1983) : *"The Influence of the Carnegie, Ford, and Rockefeller Foundations on American Foreign Policy: The Ideology of Philanthropy."* Nous résumons ici quelques fait clés exposés dans cet ouvrage.

faisait partie de la stratégie d'expansion économique internationale des États-Unis à l'intention des continents jugés comme « sous-développés ». Les fondations ont non seulement fortement influencé la création de cette institution, mais elles ont surtout influencé la direction et la gouvernance, ainsi que les premiers choix politiques. John McCloy, président de la Banque mondiale à ses débuts (1947-1949), ainsi que son successeur, Eugene Black, ont tous les deux été recrutés à la Rockefeller Bank. Les deux hommes ont ensuite siégé au conseil de la Fondation Ford. Le choix de ces dirigeants n'était pas anodin. Il faisait partie de la stratégie d'expansion économique américaine, alignée avec les politiques que les fondations avaient aidé à mettre en place.

Une autre personnalité qui a marqué la politique d'expansion américaine est Philip Coombs. Ce dernier avait fait partie de l'équipe de la Fondation Ford qui avait défini sa stratégie de renforcement de l'éducation comme levier de développement du pays au début des années 1950. En 1961, il fut nommé secrétaire assistant pour l'éducation et les affaires culturelles du pays par le président Kennedy. Coombs aida surtout à définir le contour de la politique internationale dans laquelle le financement de systèmes éducatifs à l'étranger aiderait à soutenir l'influence et l'expansion internationale des États-Unis via la promotion du capitalisme et contrer ainsi le communisme et l'expansion des autres nations non alliées en Asie, Amérique Latine et en Afrique.

L'Afrique comme territoire de compétition

À tort ou à raison, l'expansion du mouvement philanthropique moderne en Afrique a été avant tout un levier stratégique pour servir les intérêts économiques et civilisationnels des pays occidentaux. Même si, dans leur rhétorique officielle, les occidentaux ont promu la philanthropie comme une aide au développement du continent africain, cela servait dans les faits avant tout au développement de leurs propres pays.

Les premiers contacts de la philanthropie moderne avec l'Afrique remontent à la période coloniale. Durant cette période, la politique étrangère des pays européens avait pour visée de connaître les territoires africains et les ressources qui y sont afin d'étendre leur emprise. La philanthropie a été un levier important de cette politique d'expansion, notamment à travers ce qui a été appelé « la philanthropie scientifique » et « la philanthropie géographique ».

Par exemple, l'historien français Luis Teixeira[1], a récemment documenté comment les explorateurs britanniques ont utilisé la philanthropie pour légitimer et soutenir leurs activités d'exploration de l'Afrique. En 1778, Joseph Banks, un influent explorateur, alors président de la Royal Society (société royale britannique), crée l'*African Association* pour promouvoir l'exploration de l'Afrique. Convaincu que la Grande-Bretagne avait intérêt à prêter plus d'attention à la connaissance de l'intérieur de l'Afrique, il réunit via cette association un ensemble de personnalités influentes de l'élite britannique pour mobiliser des moyens financiers afin de financer les voyages d'exploration du continent africain. Sur une période de 40 ans, ce groupe d'explorateurs a généré les premières plus importantes connaissances sur la géographie, la diversité écologique et les ressources naturelles du continent africain. Ces connaissances ont servi par la suite à l'élaboration des politiques de la Grande-Bretagne, ainsi que d'autres pays européens, vis-à-vis de l'Afrique durant la période coloniale.

Une expérience similaire a été documentée par l'historien suisse Fabio Rossinelli[2] sur la philanthropie des sociétés suisses de géographie au Congo. Dans un contexte de compétition entre les grandes puissances occidentales pour la conquête des ressources de l'Afrique, Léopold II, roi des Belges, a nourri l'ambition d'étendre son influence en Afrique centrale. Toutefois, il avait une moins bonne connaissance de cette partie de l'Afrique. C'est alors qu'il va utiliser la philanthropie comme une stratégie de mobilisation des acteurs pour mieux connaître ce territoire et ses opportunités économiques. En 1876, il organisa

[1]Luis Teixeira (2017) : "Entre science et philanthropie : une histoire sociale de *l'African Association* et de ses voyageurs (1788-1831)."
[2]Rossinelli, Fabio. La philanthropie coloniale des sociétés suisses de géographie au Congo (1876–1908).

une conférence internationale de géographie à visée philanthropique – réunissant des géographes, de grands philanthropes et autres acteurs. Cette conférence fut suivie de la création de l'Association internationale africaine (AIA), une société savante, chargée de l'exploration des régions du fleuve Congo. Léopold II réussit à intéresser plusieurs acteurs internationaux, surtout européens, à son projet. Ce fut le cas de la Société suisse de géographie (SSG) qui adhère à l'AIA, et crée le Comité national suisse pour l'exploration et la civilisation de l'Afrique centrale (CNS). L'argument philanthropique mis de l'avant était d'ordre humanitaire, mais les motivations profondes étaient avant tout d'ordre impérialiste et économique. Ces acteurs suisses voyaient dans leur adhésion à l'AIA, l'opportunité pour la Suisse de collaborer avec la Belgique afin d'étendre les intérêts économiques de ce pays en Afrique. Le patronat de l'industrie suisse va fortement encourager la CNS, suggérant même de développer des activités d'expansion détachées de celles de la Belgique. Toutefois, Léopold II avait réussi à mettre son emprise sur cette région, laissant peu de place aux autres acteurs.

Après les Européens, ce sont les Américains qui ont utilisé la philanthropie comme levier pour leur expansion en Afrique, surtout dans la période postcoloniale. La présence des pays européens et leur emprise sur les territoires africains ont été mises à mal en raison de la situation géopolitique de l'époque, soit l'affaiblissement des nations européennes qui devaient se reconstruire au sortir de la Seconde Guerre mondiale, laissant place aux Américains et aux Russes. Comme l'Asie et l'Amérique latine, l'Afrique est devenue un espace de compétition pour la domination économique et politique de ces grandes puissances. C'est ici que la philanthropie prend une autre dimension, bien distincte de celle de la période coloniale. Elle devient, pour les Américains, un moyen de contrer la concurrence russe. La Guerre froide que se livraient ces deux puissances consistait à étendre leur influence idéologique et politique pour soutenir leur expansion économique.

Les activités des grandes fondations américaines (Ford, Carnegie, Rockefeller) en Afrique entre 1950 et 1980 s'inscrivaient dans cette perspective[1]. Au début, ces fondations ont développé des programmes de soutien aux chercheurs américains pour mieux comprendre l'Afrique et éclairer les politiques américaines au regard du continent. Toutefois, l'action la plus importante fut le développement de programmes visant à investir dans des universités sur le continent, au Nigéria, au Kenya, en Ouganda, en Tanzanie, au Congo, au Ghana et dans bien d'autres pays. Le choix a porté sur l'investissement dans un nombre restreint d'universités, par exemple, l'université d'Ibadan, la toute première université nigériane, et de *l'University of East Africa* visant le Kenya, la Tanzanie et l'Ouganda[2]. Les choix stratégiques ont été orientés vers le soutien aux programmes de sciences sociales, en particulier la formation d'économistes, et l'administration publique. En plus de ces investissements dans les universités africaines, ces fondations ont développé des programmes de *fellowship* (des bourses prestigieuses) pour la formation des jeunes Africains dans les meilleures universités américaines. Ces programmes ont commencé à être déployés vers la fin des années 1950, avec une intensification dans les années 1960 et 1970. Ces deux domaines d'investissement avaient une forte valeur ajoutée. Le bénéfice qu'en a tiré l'Afrique est d'avoir disposé d'une élite compétente pour contribuer à son développement. Par exemple, la Fondation Ford a contribué à la formation de plus de 350 Africains via son programme de *fellowship* entre 1950 et 1975 pour constituer une élite sur le continent[3]. Cependant, cette élite africaine (des dirigeants et universitaires africains) qui épousait la logique capitaliste américaine au détriment d'autres doctrines (par exemple communiste) devenait stratégique pour l'influence

---

[1]Pour plus de détails, voir Edward H Berman (1983) : "The Influence of the Carnegie, Ford, and Rockefeller Foundations on American Foreign Policy: The Ideology of Philanthropy." Nous résumons ici quelques fait clés.

[2]Universités instituées par l'Université de Londres dans les anciennes colonies britanniques. Les États-Unis en ont fait leur cible principale d'investissement massif pour servir leurs intérêts expansionnistes.

[3]Sutton, Francis X., and David R. Smock. "The Ford Foundation and African Studies." *African Issues* 6.2-3 (1976): 68-72.

américaine sur le continent. Cela a permis aux Américains d'avoir un réseau d'influence sur le continent, ce qui facilitait les activités économiques, voire politiques en Afrique.

Quelles leçons pour les nations africaines ?

De ce qui précède, on pourrait percevoir la philanthropie moderne uniquement dans ses effets négatifs pour le développement des nations africaines, vu qu'elle a contribué à la domination des nations occidentales sur les nations africaines. La réaction défensive naturelle serait donc de la rejeter. Dans cette section, nous soutenons que cette forme de philanthropie peut aussi être une opportunité pour les nations africaines. Au regard de la dynamique actuelle du monde, il paraît utopique de penser que l'Afrique peut rejeter la philanthropie moderne. Elle s'impose à toutes les nations (africaines, asiatiques, occidentales, etc.) comme une réalité institutionnalisée qui prendra de plus en plus d'ampleur dans l'avenir. Les nations africaines doivent composer avec cette réalité, chercher à en tirer parti plutôt que de subir ses effets négatifs. On peut tirer trois leçons importantes de ce bref aperçu historique, qui peuvent inspirer ce changement de perspective :

1. La philanthropie peut être un moyen puissant de développement de toute nation, à condition qu'elle s'inscrive dans un agenda à la fois social et économique, bien au-delà de la portée humanitaire, et qu'elle soit utilisée pour soutenir le développement des capacités stratégiques du pays.
2. Le contexte actuel de la philanthropie est différent du passé, si bien que de nouvelles opportunités et possibilités s'offrent aux nations africaines.
3. Les nations africaines doivent élaborer leurs propres agendas pour tirer parti de la philanthropie moderne comme levier de développement, et ainsi être proactives, plutôt que de subir les politiques de développement définies par des nations tiers.

La philanthropie peut être un puissant moyen de développement de toute nation

La réalité est que les nations sont en constante compétition entre elles pour l'accès aux ressources et marchés pour supporter leur développement. Qu'on le veuille ou non, cette dynamique de compétition place les pays dans des luttes d'influence, de pouvoir, de course à l'innovation et à l'industrialisation, de recherche de ressources pour soutenir leurs activités, etc., éléments sans lesquels elles seront reléguées en arrière-plan à l'échelle du développement international. En d'autres termes, les nations doivent développer des capacités stratégiques (ressources) pour tenir dans le jeu de la compétition et de la domination entre nations. La philanthropie a le potentiel d'aider à renforcer la capacité stratégique de compétition des nations via au moins quatre types de capitaux (ressources) : *financier, stratégique, politique, et réputationnel.*

Les acteurs philanthropiques sont reconnus pour leur capacité à mobiliser du capital financier important, notamment depuis que les individus les plus riches tels que Carnegie et Rockefeller ont commencé à consacrer leur fortune à la philanthropie. En général, on voit le capital financier comme la plus grande force de la philanthropie, mais l'histoire nous enseigne que cela n'est pas suffisant. Les philanthropes – que ce soient les grandes fondations privées, les fondations communautaires ou d'autres types de fondations – peuvent aussi apporter un capital stratégique aux nations, en faisant des choix d'investissement dans des secteurs qui peuvent être de véritables leviers de développement. Le capital politique est un autre levier important que la philanthropie peut apporter au développement d'une nation. Ce capital politique renvoie au pouvoir d'influence politique que peuvent avoir certains philanthropes sur différents acteurs de la communauté. L'exemple des grandes fortunes est plus perceptible. En général, ce sont des hommes et femmes d'affaires considérés comme des champions nationaux dans la sphère entrepreneuriale. Leur succès en tant qu'entrepreneur est relié à leur pouvoir politique, c'est-à-dire leur capacité à influencer les grands décideurs aux niveaux national et international. Ils ont donc le pouvoir d'influence politique nécessaire pour faire avancer des agendas de développement via leurs actions philanthropiques. Les philanthropes communautaires ont aussi un pouvoir d'influence via leur capital de réputation. La philanthropie confère à ces acteurs une image très positive et une légitimité qui favorisent leur accès et leur influence auprès d'autres acteurs de la vie sociale. Par exemple, Léopold II a utilisé Gustave Moynier, co-fondateur du Comité international de la Croix-Rouge (CICR)[1], comme levier d'influence pour faire avancer son agenda d'expansion vers l'Afrique. La grande réputation de Gustave Moynier pour ses actions philanthropiques a fait de lui un acteur influent de la vie publique en Suisse et en Europe. Léopold II a compris et exploité ce capital de réputation pour avoir ses entrées et l'appui helvétique à ses projets d'expansion.

Le contexte actuel de la philanthropie est différent du passé

La philanthropie continue de soutenir le développement des nations occidentales avec les mêmes mécanismes, toutefois, le contexte est différent du passé et fait émerger des opportunités pour toutes les nations. Si les États-Unis ont toujours le leadership sur cette forme de philanthropie, les choses ont bien évolué. L'intérêt des hommes et femmes fortunés pour la philanthropie est devenu planétaire. Bill Gates a renouvelé l'appel de Carnegie –*« donner sa fortune avant de mourir »*–à l'endroit des grandes fortunes du monde à travers *The Giving Pledge*. À travers cet appel, il a invité les grandes fortunes du monde à consacrer une partie de leur fortune à la philanthropie. Plus de 240 milliardaires venant de plus de 20 pays de tous les continents, y compris des Africains, ont répondu favorablement à cet appel. Ceci n'est que la partie émergée de l'iceberg. Il y a des milliers d'autres personnes fortunées qui ont décidé de consacrer leur fortune à la philanthropie. Cette forme de philanthropie est devenue institutionnalisée et pratiquée partout. Cela n'est plus l'apanage des nations occidentales.

---

[1]Pour plus de détails se référer à : Fabio Rossinelli (2017), « La philanthropie coloniale des sociétés suisses de géographie au Congo (1876–1908) ».

Par ailleurs, les grandes fondations américaines continuent d'exercer leur influence sur le continent africain, mais la réalité est devenue plus complexe. La Fondation Bill-et-Melinda-Gates a une présence marquée en Afrique avec une influence sur des agendas de développement global. Cette fondation est aujourd'hui le plus important bailleur de fonds de l'Organisation mondiale de la santé (OMS), devant les nations membres, et détient les programmes les plus importants en Afrique. Les nations européennes qui avaient une présence plus timide après-guerre, sont maintenant de plus en plus présentes et influentes sur le continent. Il y a aussi des fondations canadiennes, chinoises, etc. Ces fondations continuent de servir les intérêts de leurs nations d'origine, mais avec une posture moins impérialiste qu'avant, s'efforçant d'ajuster leurs politiques à de vrais besoins de développement du continent africain, ce qui constitue une opportunité pour les nations africaines.

Les nations africaines doivent développer leur propre agenda philanthropique

Si l'Afrique a moins bénéficié de la philanthropie moderne pour son développement, c'est parce que cette philanthropie faisait partie avant tout de l'agenda de développement des nations occidentales. En d'autres termes, cette forme de philanthropie sur le continent africain servait avant tout les intérêts des nations occidentales, souvent au détriment des intérêts des nations africaines. Pour en tirer profit, les nations africaines doivent développer leurs propres agendas, être stratégiques dans leurs choix d'investissement et utiliser les grands philanthropes africains (privés comme communautaires) comme leviers d'influence. Il est trompeur de penser que l'agenda philanthropique doit être purement et uniquement humanitaire. En réalité, l'agenda philanthropique doit être aussi social et économique pour soutenir le développement d'une nation. En fait, ces agendas existent, vu que les nations africaines définissent en général des ambitions de développement. Par exemple, l'Union africaine a défini son propre « *Agenda 2063 : The Africa We Want* ». Ce qui manquerait c'est l'arrimage de la philanthropie avec ces agendas pour bâtir une capacité interne et réduire la dépendance vis-à-vis de l'externe. Dans ce sens, l'émergence des grands philanthropes africains et de *grandes* organisations philanthropiques africaines peut être la clé. Ces deux dernières décennies ont vu apparaître quelques acteurs parmi les hommes et femmes les plus riches d'Afrique, certains appartenant à *The Giving Pledge* et d'autres non. On note aussi l'émergence de quelques grandes organisations philanthropiques non liées aux grandes fortunes. Tout ceci ne semble être qu'un début et il y a un potentiel bien plus grand. Tous ces acteurs philanthropiques, surtout les plus influents, ont le potentiel pour aider à faire avancer les agendas sociaux et économiques de développement des nations africaines.

Il faut se garder toutefois de penser qu'avoir des moyens financiers est suffisant. La condition principale est d'en faire un usage plus stratégique. Par exemple, on affirme que l'homme le plus riche de tous les temps n'est ni un Américain, ni un Européen, mais plutôt un Africain. Mansa Moussa[1], qui dirigeait l'empire du Mali au XIVe siècle, aurait possédé une fortune jamais égalée jusqu'à présent. Il était reconnu pour sa grande générosité, ce qui suggère qu'il a fait beaucoup d'actions philanthropiques en Afrique comme ailleurs. Il semble avoir compris l'intérêt d'investir dans des institutions qui créent de la capacité, par exemple en créant l'une des premières universités africaines à Tombouctou, mais la suite de l'histoire nous montre que ses investissements n'ont été ni suffisamment articulés autour du développement, ni pérennisés et reproduits dans le temps par ses descendants. En fait, la logique n'était certainement pas véritablement pour une philanthropie pour le développement. On pourrait dire que cela est normal vu qu'il n'évoluait pas dans un monde capitaliste, avec une logique de développement semblable aux temps actuels. Aujourd'hui des figures telles que Aliko Dangote, l'homme le plus riche d'Afrique, et autres ultrariches africains disposent de ressources et pouvoir d'influence et ont décidé de consacrer une partie de

---

[1]La fortune de Mansa Moussa serait équivalente aujourd'hui à plus de 400 milliards de dollars américains, deux fois plus que celle d'Elon Musk, l'homme le plus riche aujourd'hui de la planète, selon Forbes et d'autres médias spécialisés sur la question.

leur fortune au secteur philanthropique. Ce qui ferait la différence, ce serait de faire des choix stratégiques d'investissement des ressources philanthropiques dans des secteurs qui renforcent réellement la capacité stratégique de leurs nations. Les dynamiques de l'environnement évoluent et les défis d'hier ne sont pas ceux d'aujourd'hui.

L'investissement doit se faire en tenant compte des facteurs qui sont de véritables leviers pour donner un avantage aux nations africaines ou, du moins, les aider à faire face aux autres nations. L'enjeu est de trouver les facteurs qui peuvent constituer de vrais leviers de développement pour le continent et les soutenir. Pour les Américains, cela a été et continue d'être l'investissement dans l'éducation de l'élite, la recherche et l'innovation, appuyé par des hypothèses émises par des théoriciens du développement tel que Schumpeter[1]. Ces éléments sont certainement pertinents pour les nations africaines, mais à croire certains économistes tel que Dani Rodrik[2], les défis fondamentaux se trouveraient ailleurs, en particulier dans les faiblesses institutionnelles pour soutenir l'industrialisation. Si cette hypothèse est vraie, cela rendrait *très stratégiques* des investissements philanthropiques tels ceux de Mo Ibrahim qui a décidé d'investir sa fortune dans le renforcement des capacités institutionnelles des nations africaines par la promotion du leadership et la gouvernance démocratique en Afrique. Tony Elumelu, qui soutient mille start-ups africaines par an, Strive Masiyiwa et d'autres vont dans le même sens. Dans la même veine, les investissements dans la capacitation des organisations de la société civile qui agissent pour transformer les systèmes (gouvernementaux, internationaux, locaux, etc.) qui freinent le développement des nations africaines seraient aussi stratégiques. Il y a certainement d'autres leviers importants pour supporter et

---

[1]Une hypothèse clé de Schumpeter est que la croissance économique d'une nation est tirée avant tout par l'innovation.

[2]Dani Rodrik, *Ford Foundation Professor* à la Harvard Kennedy School, soutient que le renforcement des institutions est la clé pour tirer les pays les moins avancés vers le développement. Ses idées ont beaucoup inspiré les économistes africains et les thèses actuelles sur le développement du continent africain.

impulser le développement du continent africain, notamment la capacité d'industrialisation et des changements structurels nécessaires.

En tenant compte du contexte mondial, il serait aussi utopique de penser que les nations africaines peuvent faire avancer leur propre agenda sans entrer dans une dynamique de jeux de pouvoir avec les autres nations, en particulier celles venues d'ailleurs (Occident, Orient, etc.). L'Afrique continuera d'être un terrain de compétition entre grandes puissances mondiales. Les grandes fondations internationales seront en partie le reflet de cette lutte de domination, qu'elle le fasse consciemment ou non. Les philanthropes africains peuvent aider à contrebalancer le pouvoir d'influence des nations tiers. On peut noter des formes de collaborations entre philanthropes sur le continent qui indique une émergence de contre-pouvoir. Par exemple, le partenariat des fondations Dangote et Bill-et-Melinda-Gates semble créer des dynamiques dans lesquelles la fondation américaine trouve un certain contrepoids africain dans son influence sur le continent. Ceci est une nécessité fondamentale, même si cela est encore embryonnaire. Enfin, certaines nations pourraient tirer profit de la philanthropie pour leur expansion. Cela est encore manquant, mais il n'est pas exclu que, dans un futur proche, la philanthropie aide à l'expansion économique de pays africains vers d'autres endroits du globe.

Conclusion

Le point central de la discussion est de mettre en exergue la façon dont les nations africaines peuvent potentiellement tirer profit de la philanthropie pour leur développement. Le but n'est pas de suggérer que les nations africaines doivent reproduire les actions qui ont fait le succès des États-Unis dans les années 1800 ou 1900, ni de reproduire certaines des actions de cette époque considérées aujourd'hui comme immorales. La dynamique du monde a évolué depuis lors et d'autres enjeux ont émergé. La façon de faire le développement a évolué. Par exemple, les questions climatiques sont aujourd'hui au cœur des enjeux de développement, ce qui amène à revoir les postures des pays dans leur approche de développement. Toutefois, peu importe le contexte et les enjeux qui émergent de son environnement social, économique, politique, écologique, etc., une nation ne peut soutenir son développement que si elle a des capacités stratégiques, c'est-à-dire les ressources et compétences qui lui permettent de tirer profit des opportunités de cet environnement, de se prémunir contre les menaces, voire de se créer un avantage dans le jeu de domination entre nations. La philanthropie peut aider à bâtir ces capacités via les capitaux financiers et autres formes de capitaux (politique, stratégique, réputation…) qu'elle aide à mobiliser. En somme, la philanthropie pour le développement doit jouer un rôle de renforcement des capacités stratégiques des nations avant toute autre chose.

Les idées développées ici pourraient être interprétées comme une apologie du « philanthrocapitalisme ». Ceci est en partie vrai, vu que cette perspective stratégique de la philanthropie ne rejette pas l'idée que la philanthropie puisse contribuer au développement économique. Le développement passe avant tout par l'économie et le social. Ces idées ne remettent pas non plus en cause le fait que les hommes et femmes fortunés puissent être des acteurs centraux dans la philanthropie pour le développement. Ces acteurs concentrent le plus de capitaux financiers et d'influence qui peuvent servir de leviers pour le développement. Il convient de noter ici que le grand paradoxe de la philanthropie est que ceux qui concentrent le plus les moyens de capacitation des nations via la philanthropie (les grandes fortunes) sont considérés comme illégitimes pour jouer un rôle dans le développement car ils contribuent par leur existence même à reproduire l'inégalité, et leurs pouvoirs d'influence sur les politiques peuvent être utilisés pour des intérêts privés. C'est un paradoxe qu'il faut embrasser, car ce paradoxe peut être productif sous certaines conditions.

Cette perspective stratégique de la philanthropie ne remet pas aussi en cause d'autres acteurs qui parviennent à mobiliser des fonds importants pour soutenir des actions de développement, via des investissements d'impact (par exemple des fonds d'investissement d'impact). Ces acteurs ont une logique économique et capitalistique marquée, mais qui peut être utile pour une philanthropie visant à contribuer au développement des nations.

En revanche, nous ne faisons pas ici l'apologie de l'usage de la philanthropie uniquement orienté vers le renforcement de sa fortune personnelle. Notre point clé ici est de mettre l'emphase sur le fait que si l'on veut parler de la philanthropie dans la sphère du développement, cela sous-entend nécessairement deux conditions : (1) un agenda de développement des nations et (2) une philanthropie qui entre dans un plan de capacitation stratégique des nations pour soutenir cet agenda de développement. Cela s'applique à toute forme de philanthropie (y compris traditionnelle) qui voudrait agir dans la sphère du développement. Cela n'est pas une question de morale, mais une question de capacitation.

Certains penseurs ont suggéré de s'appuyer sur la philanthropie traditionnelle africaine pour le développement des nations africaines, une voie jugée plus proche de la pensée originelle de la philanthropie. Bhekinkosi Moyo et ses collègues sud-africains[1] sont de fervents défenseurs de cette perspective panafricaniste, suggérant d'utiliser les valeurs de la philanthropie africaine comme paradigme de développement des nations africaines. Cette philanthropie africaine regroupe des valeurs de solidarité qui, à elles seules, devraient aider les nations africaines à aller vers le développement. En épousant ces valeurs et paradigmes, le *Ubuntu*[2] par exemple, les nations africaines travailleraient ensemble, s'entraideraient pour un développement mutuel et collectif. Si l'on se place d'un point de vue stratégique, cet appel suggère en fait une capacitation des nations africaines via la promotion des valeurs de solidarité africaine (un capital culturel) pour fédérer la force des nations africaines face aux grandes puissances internationales pour un développement collectif. L'idée centrale ici est donc que la philanthropie ne donne pas que des capitaux financiers, stratégiques, politiques et de réputation. Elle peut aussi donner un capital culturel. Les

---

[1]Bhekinkosi Moyo & Katiana Ramsamy (2014) African philanthropy, pan-Africanism, and Africa's development, *Development in Practice*, 24:5-6, 656-671

[2]*Ubuntu* est un concept africain pour représenter les valeurs de vie communautaire en Afrique, « I am Because We are.» (Je suis parce que nous sommes).

nations qui tireront le plus parti de ces capitaux, sont celles qui tireront le plus profit des effets bénéfiques de la philanthropie pour leur développement.

Références bibliographiques

Berman, E. H. (1983). *The influence of the Carnegie, Ford, and Rockefeller Foundations on American foreign policy: The ideology of philanthropy*. Suny Press.

Hall, P. D. (2006). A historical overview of philanthropy, voluntary associations, and nonprofit organizations in the United States, 1600–2000. *The nonprofit sector: A research handbook*, *2*, 32-65.

Moyo, B., & Ramsamy, K. (2014). African philanthropy, pan-Africanism, and Africa's development. *Development in Practice*, 24(5-6), 656-671.

Rossinelli, F. (2017). *La philanthropie coloniale des sociétés suisses de géographie au Congo (1876–1908)* (Vol. 44, pp. 141-155).

Sutton, F. X., & Smock, D. R. (1976). The Ford Foundation and African Studies. *African Issues*, *6*(2-3), 68-72.

Teixeira, L. (2017). Entre science et philanthropie: une histoire sociale de l'African Association et de ses voyageurs (1788-1831). *Revue historique*, (2), 297-326.

CHAPITRE 3

La philanthropie privée en Afrique : Ce que nous savons et ce que nous devrions savoir

Bathylle Missika et Nelson Amaya[1]

La philanthropie privée à grande échelle, qui est définie par l'OCDE comme des ressources financières privées fournies par l'intermédiaire d'entités à but non lucratif en vue d'atteindre des objectifs de développement, vise à contribuer au développement social et économique de l'Afrique, tandis que plusieurs fondations philanthropiques soutiennent des approches à plus long terme sur le continent, en particulier dans les domaines de la santé, de l'éducation et de l'entrepreneuriat.

Ce chapitre décrit la répartition géographique et thématique de la philanthropie privée en appui au continent africain, sur la base des données du dernier rapport de l'OCDE sur la philanthropie privée pour le développement (OCDE, 2021[2]). Il compare ensuite les financements en fonction de leur origine - transfrontalière ou nationale - et place le financement

---

[1]Bathylle Missika est Cheffe de division des réseaux, des partenariats et de l'égalité des genres (Division en charge de la philanthropie), Centre de développement, OCDE

Nelson Amaya est ancien Analyste des politiques junior et spécialiste des données, Centre de développement, OCDE

philanthropique dans un contexte plus large en opposant la philanthropie privée à l'aide publique au développement (APD), qui est l'aide fournie par les donateurs bilatéraux et multilatéraux.

Le chapitre présente ensuite des données plus complètes et plus récentes sur la philanthropie dans deux pays, l'Afrique du Sud et le Nigéria, pour lesquels des données plus détaillées sont disponibles. Il examine ensuite comment la philanthropie peut favoriser l'intégration des marchés sur le continent. Enfin, il conclut en formulant des recommandations sur la manière dont la philanthropie peut surmonter les goulets d'étranglement qui empêchent le secteur d'avoir un plus grand impact et une plus grande envergure.

Contexte et portée de la philanthropie pour le développement

La philanthropie privée au service du développement

La philanthropie privée est une source croissante de financement pour les pays à revenu faible et intermédiaire. Le rapport de l'OCDE sur la philanthropie privée pour le développement (OCDE, 2021[2]) a récemment estimé que la philanthropie privée pour le développement provenant de 205 grandes organisations philanthropiques s'élevait à 42,5 milliards USD entre 2016 et 2019, soit une moyenne annuelle de plus de 10 milliards USD. La plupart des fonds sont internationaux (81 %), provenant principalement des États-Unis (24,3 milliards USD) et tandis qu'une grande partie a été allouée dans les pays à revenu intermédiaire supérieur, les pays à faible revenu n'ont reçu que 13 % (3 milliards USD) des fonds alloués. Pourtant, dans le contexte spécifique de l'Afrique subsaharienne, nous observons que la majeure partie de ce que l'Afrique reçoit au titre de la philanthropie transfrontalière va aux pays à faible revenu du continent, ce qui est très différent de ce qui se passe partout ailleurs (annexe A).

La philanthropie reste modeste par rapport à d'autres flux financiers internationaux tels que l'aide publique au développement

La philanthropie privée est faible par rapport à l'aide publique au développement. Entre 2016 et 2019, les fonds d'APD des membres du CAD de l'OCDE se sont élevés à 553,9 milliards USD, la philanthropie représentant près de 8 % de ce montant. Les investissements philanthropiques sont néanmoins fortement concentrés dans quelques domaines où leur influence est plus importante et plus répandue, comme la santé et l'éducation.

Figure 1. La philanthropie privée pour le développement et l'aide publique au développement (APD), 2016-2019

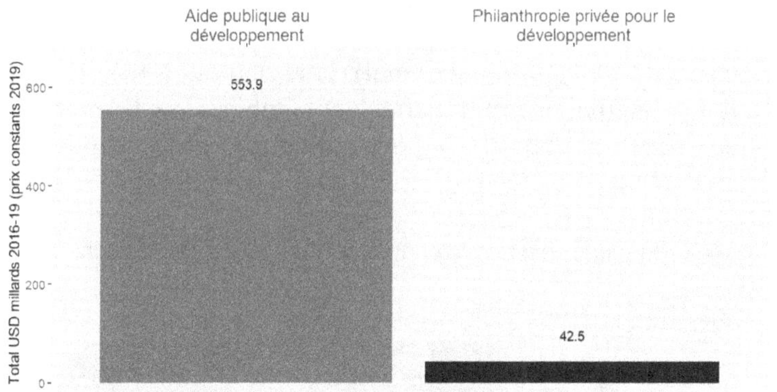

Source : OCDE (2021)

Les modèles de financement philanthropique transfrontalier et national évoluent. Les financements philanthropiques transfrontaliers et nationaux sont différents en termes de portée et d'échelle. Le premier est diversifié, abordant plus de sujets et une zone géographique plus large, tandis que la philanthropie des fondations basées dans les marchés émergents est principalement mise en œuvre au niveau national. Le développement du secteur philanthropique au sein des marchés émergents joue un rôle de plus en plus important. Dans certains pays émergents, comme l'Inde, la République populaire de Chine et le Mexique, le financement philanthropique national a dépassé les dons internationaux.

Zoom sur la philanthropie en Afrique

La philanthropie privée au service du développement en Afrique

En termes de philanthropie internationale, les pays africains ont reçu ensemble la plus grande part des financements philanthropiques transfrontaliers entre 2016 et 2019 (OCDE, 2021[2]). Parmi tous les flux philanthropiques internationaux, 3 % (1,4 milliard USD) ont été alloués à la région du Moyen-Orient et de l'Afrique du Nord, tandis que 13 % (5,5 milliards USD) sont allés à l'Afrique subsaharienne. Si l'on considère plutôt le financement total alloué par pays ou région (56 % du financement philanthropique total), la région qui a reçu le plus de fonds internationaux et nationaux combinés est l'Amérique latine et les Caraïbes (16 %, 6,7 milliards d'USD), suivie par l'Asie du Sud, qui a reçu 6,3 milliards d'USD (15 %).

Figure 2. Philanthropie privée pour le développement par région, 2016-2019

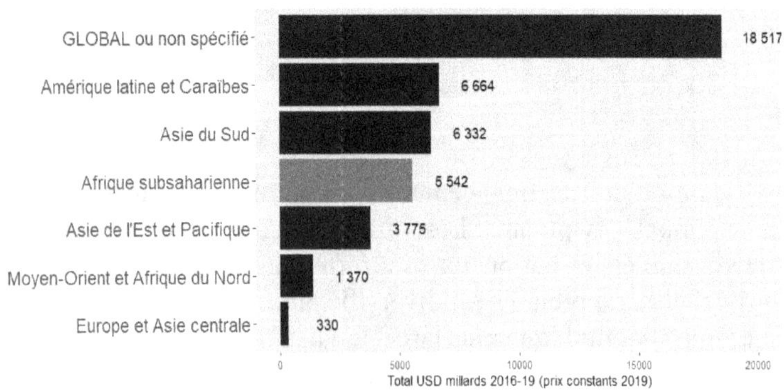

Source : OCDE (2021[2])

Plus précisément, quelques pays d'Afrique anglophone ont reçu le financement le plus important de la part d'organisations philanthropiques internationales. Le Nigéria, l'Éthiopie et l'Afrique du Sud ont concentré 38 % de tous les financements destinés au continent africain.

Figure 3. Les 15 principaux pays bénéficiaires en Afrique, 2016-2019

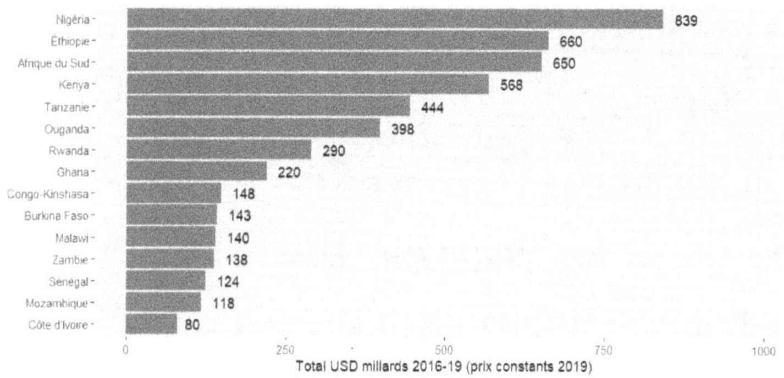

Source : OCDE (2021[2])

La philanthropie privée au service du développement par rapport à l'APD en Afrique

Sur la période 2016-2019, la philanthropie privée (5,6 milliards USD) a représenté environ 3,5 % de l'APD des pays du CAD et 2,3 % des financements des donateurs officiels à l'ensemble des pays africains. L'Éthiopie et le Nigéria apparaissent comme les 2 premiers bénéficiaires de l'APD en 2019, recevant respectivement les 8 % (4,7 milliards USD) et 6 % (3,3 milliards USD) des décaissements nets d'APD en 2019. (OCDE, 2019)

La santé est le secteur le plus financé par la philanthropie en Afrique. Les secteurs bénéficiant le plus des fonds philanthropiques sont la santé, l'agriculture et l'éducation. Entre 2016 et 2019, ils ont reçu respectivement 40 %, 21 % et 13 %.

Figure 4. Les secteurs les plus financés par la philanthropie en Afrique, 2016-2019

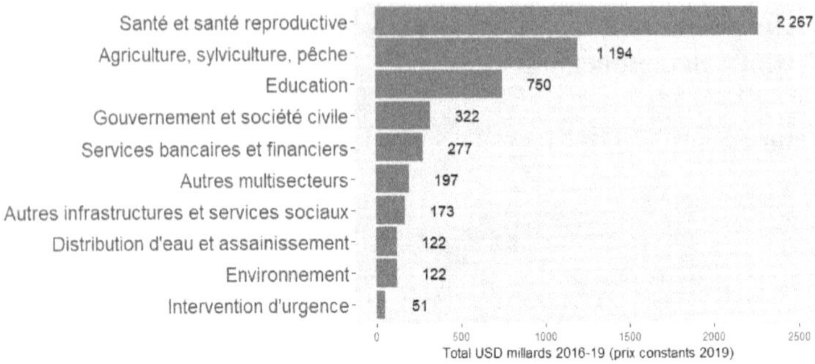

Source : OCDE (2021)

Philanthropie vers l'Afrique francophone.

Sur la période 2016-2019, le total des décaissements d'APD des donateurs officiels, y compris les organisations multilatérales, en faveur de l'Afrique s'est élevé à 247 milliards USD, et 60,9 milliards USD (25 %) ont été alloués aux pays francophones d'Afrique (OCDE, 2024). Le Mali, le Niger, le Rwanda et le Cameroun sont les pays qui ont reçu la plus grande part de l'APD. Au cours de cette période, le financement de la philanthropie privée vers les pays francophones a été estimé à environ 1087 millions USD, ce qui ne représentait que 19 % des 5,6 milliards USD dirigés vers l'ensemble des pays africains (OCDE, 2021[2]). Parmi les pays francophones, le Rwanda, la République démocratique du Congo, le Burkina Faso, le Sénégal et la Côte d'Ivoire ont reçu les financements philanthropiques les plus importants.

Le cas de l'Afrique du Sud. L'Afrique du Sud est le sixième bénéficiaire le plus important parmi les pays en développement pour lesquels des données sont disponibles. L'évolution de la philanthropie en Afrique du Sud a été guidée par les efforts déployés par l'État pour réglementer et encourager les activités philanthropiques des entreprises. Au cours des deux dernières décennies, quelques réformes juridiques ont en fait élargi le champ des activités et la diversité des entités au sein du secteur à but non lucratif. Le financement des petites entreprises, des compétences des jeunes sur le marché du travail et d'autres initiatives liées au secteur des entreprises indique que le secteur à but non lucratif se développe par le biais d'activités commerciales.

Le financement philanthropique de 31 organisations nationales s'est élevé à environ 76 millions USD en moyenne par an entre 2013 et 2018. Si l'on se concentre sur les 15 premières fondations nationales en Afrique du Sud, 75 % de l'ensemble des financements provenaient de divers types de fondations d'entreprise, tandis que les 25 % restants étaient répartis entre des fondations familiales et d'autres organisations. En outre, la philanthropie nationale en Afrique du Sud reste inférieure à la philanthropie internationale et modeste par rapport à l'APD (c'est-à-dire estimée à 8 % des flux nets d'APD, soit une moyenne annuelle de 900 millions USD). Malgré cela, la philanthropie nationale est nettement plus élevée que les estimations précédentes et reste largement sous-estimée en raison du manque de transparence du financement philanthropique sur le continent. L'Afrique du Sud est également l'un des pays d'Afrique les moins dépendants de l'aide, mais l'aide officielle bilatérale et multilatérale reste une source de financement importante, en particulier dans le secteur de la santé. L'APD représentait 36 % du RNB en 2013, mais en 2018, elle est tombée à 26 %.

Figure 5. Philanthropie versus APD en Afrique du Sud

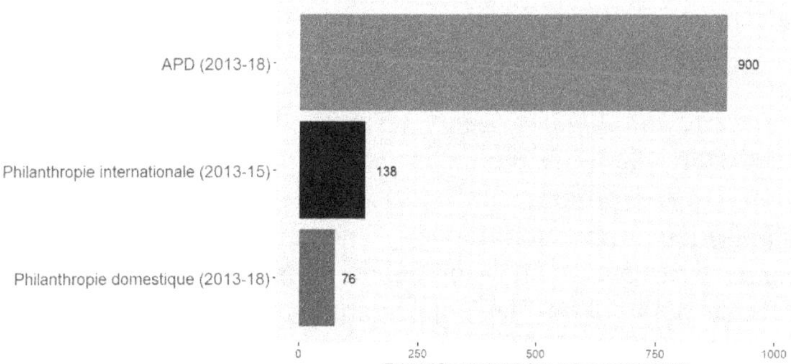

Source : OCDE (2021 [1])

En décomposant les flux philanthropiques nationaux par secteur, l'éducation apparaît comme le secteur recevant le plus de soutien. En effet, entre 2013 et 2018, elle a reçu une majorité de 59 % des flux (266 millions USD). En outre, une caractéristique distinctive du financement en Afrique du Sud est l'importance des ressources financières dirigées vers les organisations de défense des droits de l'homme, y compris les organisations de défense des droits des femmes, ainsi que vers la recherche sur le développement judiciaire et les inégalités raciales.

Figure 6. Répartition des fonds philanthropiques nationaux entre l'éducation et les autres secteurs

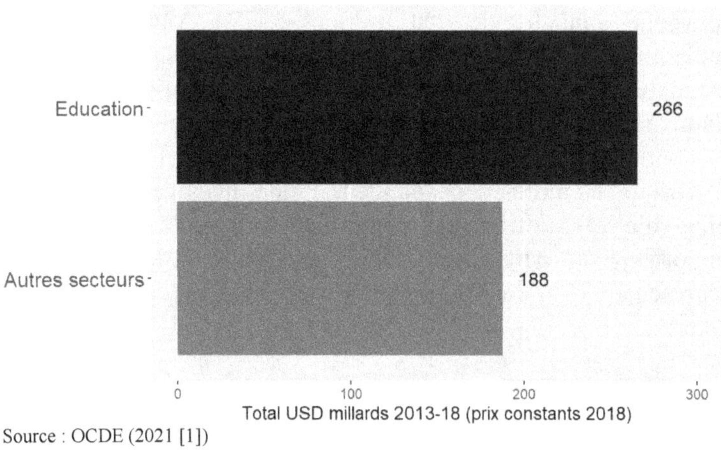

Source : OCDE (2021 [1])

Le cas du Nigéria Le Nigéria est l'un des plus grands bénéficiaires de fonds philanthropiques internationaux, recevant environ 192 millions USD par an de la part de grandes organisations philanthropiques internationales. Les autres sources de financement comprennent la philanthropie nationale et l'aide publique au développement : entre 2013 et 2018, le financement de 12 organisations philanthropiques nationales au Nigéria s'est élevé à 89 millions USD, 3 fondations fournissant la majeure partie de ces fonds (70 %). L'APD de l'ensemble des donateurs officiels a fourni 17 milliards USD au Nigéria sur la période 2013-2018, 5 donateurs fournissant l'essentiel de l'APD (78 %) (OCDE, 2022[1]). Si l'on examine des données plus détaillées, malgré les importants problèmes de transparence concernant la philanthropie nationale nigériane, les fondations nigérianes de l'échantillon ont alloué la plupart de leurs ressources à deux secteurs : la santé et la santé génésique (32 % des fonds, 28 millions USD) ; et le gouvernement et la société civile (25 millions USD au gouvernement et 22 millions USD à l'éducation).

Bien qu'il soit plus facile de dresser un tableau de la philanthropie internationale vers l'Afrique que de la philanthropie domestique à l'intérieur du continent, le fil conducteur de la philanthropie nationale est axé sur l'entrepreneuriat et l'accès au financement. La philanthropie est fortement investie dans les solutions de marché pour répondre à des défis de développement tels que l'emploi des jeunes, l'informalité, la génération de revenus et le développement des entreprises. Il s'agit donc d'une philanthropie tournée vers des solutions entrepreneuriales.

Les exemples abondent. Ainsi, la Fondation Sawiris (Égypte) met en œuvre une stratégie d'autonomisation économique qui combine des programmes de formation, d'emploi et de microcrédit (Fondation Sawiris pour le développement humain et social, 2022[2]). En Afrique du Sud, le fonds d'innovation sociale et l'accélérateur de la South African Breweries Foundation (SAB Foundation) constituent un autre exemple (South African Breweries Foundation, 2022[3]). En plus d'offrir aux entrepreneurs émergents les compétences, les connaissances et le financement dont ils ont besoin, le fonds leur permet de se positionner pour de futurs cycles de financement auprès d'autres investisseurs. Certaines fondations ont également adopté une approche de soutien à plus long terme, comme la Fondation Tony Elumelu, qui a déployé une initiative en faveur de l'entrepreneuriat dans 54 pays africains afin de fournir un capital d'amorçage et un financement pour la croissance future d'entreprises prometteuses (Fondation Tony Elumelu, 2022[4]).

En dépit de leurs portées diverses, de leur orientation nationale ou régionale et de leurs déploiements indépendants, toutes ces initiatives attestent de la nécessité et de l'utilisation du financement philanthropique comme moyen supplémentaire de promouvoir des solutions de marché.

Le chemin restant à parcourir

Alors que la philanthropie internationale reste axée sur des objectifs dans les domaines de la santé et de l'éducation, la philanthropie nationale dans des pays comme l'Afrique du Sud et le Nigéria répond à d'autres besoins et s'est concentrée sur les défis locaux et régionaux grâce à des approches de marché. En ce qui concerne les grandes fondations, deux trajectoires sont probables. D'une part, l'accent continue d'être mis sur la santé avant tout autre secteur, notamment par le biais des initiatives à grande échelle de la Fondation Bill-et-Melinda-Gates. D'autre part, la scène philanthropique nationale va sans doute continuer de soutenir des besoins plus localisés qui varient d'un pays à l'autre, car elle est plus flexible pour financer directement les bénéficiaires de terrain.

Le besoin d'une plus grande coordination face aux défis mondiaux, tels que le changement climatique, va également devenir plus pressant. Par exemple, de nouvelles organisations telles que la Fondation africaine pour le climat ont travaillé pour débloquer et soutenir les opportunités de développement dans l'action climatique en Afrique. Compte tenu des défis liés au climat, à l'environnement et à la biodiversité et de l'urgence d'intensifier les efforts, on s'attend à ce qu'un nombre croissant de fondations intègrent des mesures d'adaptation et d'atténuation du climat dans leurs efforts et leur soutien sur le continent. S'il est encore difficile de suivre l'évolution des financements, les données de l'OCDE montrent que seuls 4 % des financements philanthropiques liés au développement sont destinés au secteur de l'environnement (OCDE, 2021[2]), mais la question de savoir quelle part des financements philanthropiques dans le monde est réellement consacrée à la lutte contre le changement climatique reste ouverte.

À l'avenir, il sera essentiel de créer des écosystèmes plus solides pour permettre à la philanthropie de s'épanouir, y compris dans les pays francophones. Des progrès ont été réalisés au cours de la dernière décennie, mais les réseaux existants ont encore de la marge pour devenir plus solides. Des initiatives telles que l'African Philanthropy Forum, l'African Venture Philanthropy Alliance et des associations nationales de fondations comme l'Independent Philanthropy Association of South Africa (IPASA) permettent à la philanthropie nationale de se développer davantage et de s'étendre. De même, les informations financières et les données sur la philanthropie en Afrique restent fragmentées, souvent peu fiables et déconnectées des grandes initiatives continentales ou gouvernementales, et il est donc possible et nécessaire de faire davantage pour mettre la philanthropie locale sous les feux de la rampe.

Si le secteur philanthropique en Afrique n'a pas encore été pleinement appréhendé, des tendances encourageantes se dessinent selon lesquelles la philanthropie, tant internationale que nationale, peut jouer un rôle dans l'avancement du développement économique et social et relever des défis tels que le changement climatique et l'égalité de genre, conformément aux priorités identifiées dans l'Agenda 2063 de l'Union africaine.

Références bibliographiques

OECD (2019). *Development aid at a glance, statistics by region.* doi: https://www.oecd.org/dac/financing-sustainable-development/development-finance-topics/Africa-Development-Aid-at-a-Glance.pdf.

OECD (2021). *Domestic Philanthropy for Development and Gender Equality in South Africa.* doi:https://www.oecd.org/development/philanthropy-centre/researchprojects/countrystudies/OECD_CoP_DomesticPhilanthropySouthAfrica.pdf

OECD (2021). *Private Philanthropy for Development – Second Edition: Data for Action.* Paris: OECD Publishing. doi:https://doi.org/10.1787/cdf37f1e-en

OECD (2022). *"Philanthropy and Gender Equality - Domestic Philanthropy for Development and Gender Equality in Nigéria".* doi: https://www.oecd.org/development/philanthropy-centre/researchprojects/countrystudies/Domestic-Philanthropy-Gender-Nigéria-July-2022.pdf.

OECD (2024, May 13). *Creditor Reporting System (CRS).* Récupéré sur OECD.Stats: https://stats.oecd.org/Index.aspx?datasetcode=CRS1

Sawiris Foundation for Human and Social Development (2022, October). *Economic Empowerment.* Consulté le 26 octobre 2022, sur https://www.sawirisfoundation.org/en/economic-empowerment

South African Breweries Foundation (2022). *Social Innovation Fund.* Consulté le October 26, 2022, sur https://sabfoundation.co.za/

Tony Elumelu Foundation (2022). *TEF Entrepreneurship Programme.* Consulté le October 26, 2022, sur https://www.tonyelumelufoundation.org/

ANNEXE A

LES PLUS GRANDS DONATEURS PHILANTHROPIQUES PRIVÉS (2016-2019)

Les 20 plus grands donateurs de la philanthropie privée pour le développement, 2016-2019		**Les 20 plus grands donateurs de la philanthropie privée aux pays africains, 2016-2019**	
Organisation	**USD millions 2016-2019 (constant 2019)**	**Organisation**	**USD millions 2016-2019 (constant 2019)**
Bill & Melinda Gates Foundation	16 106	Bill & Melinda Gates Foundation	2604
BBVA Microfinance Foundation	3 621	Mastercard Foundation	612
United Postcode Lotteries	1 327	CIFF	150
Tata Trusts	915	The Atlantic Philanthropies	138
Susan T. Buffett Foundation	907	Howard G. Buffett Foundation	137
Wellcome Trust	859	Charity Projects Ltd (Comic Relief)	132
Mastercard Foundation	853	Ford Foundation	110
CIFF	693	Conrad N. Hilton Foundation	107
Ford Foundation	677	Open Society Foundations	98
The Leona M. and Harry B. Helmsley Charitable Trust	597	The Leona M. and Harry B. Helmsley Charitable Trust	81
Bloomberg Family Foundation	548	United Postcode Lotteries	78
Open Society Foundations	546	Wellcome Trust	76
William & Flora Hewlett Foundation	529	John D. & Catherine T. MacArthur Foundation	72

Reliance Industries Limited CSR	500	Johnson & Johnson Foundation	60
Carlos Slim Foundation	494	MAVA Foundation	57
The Atlantic Philanthropies	489	Rockefeller Foundation	53
Oak Foundation	455	William & Flora Hewlett Foundation	52
Howard G. Buffett Foundation	404	Grameen Crédit Agricole Foundation	49
David and Lucile Packard Foundation	369	Margaret A. Cargill Philanthropies (MACP)	47
Tencent Charity Foundation	369	IKEA Foundation	46

CHAPITRE 4

L'émergence de nouveaux acteurs philanthropiques structurants en Afrique

Ebrima Sall[1]

L'écosystème philanthropique en Afrique s'est beaucoup complexifié au cours du dernier demi-siècle. Aux institutions et traditions ancestrales de philanthropie se sont ajoutés de nouveaux acteurs, notamment les fondations, une forme institutionnelle qui a maintenant été adoptée dans presque tous les pays du continent, y compris dans les milieux religieux. Les fondations elles-mêmes sont de divers types et ont des champs d'action et des ambitions très variés (voir liste indicative en annexe). Dans cette mouvance, l'Afrique a vu émerger plusieurs acteurs philanthropiques qui cherchent à jouer un rôle délibérément structurant au sein de l'écosystème. Il s'agit notamment :

- des fondations telles que l'African Women's Development Fund (AWDF), la Fondation Mo Ibrahim (MIF), la Fondation Tony Elumelu (TEF), la HigherLife Foundation (HLF), la Kenya Community Development Foundation (KCDF), le Nelson Mandela Children's Fund (NMCF), le Southern Africa Trust, TrustAfrica, l'Urgent Action Fund-Africa (UAF-A), l'Ichikowitz Family Foundation (IFF) et le Black Feminist Fund (BFF).
- des réseaux et associations de philanthropie tels que l'East African Philanthropy Network (EAPN), l'African Philanthropy Forum (APF) qui regroupe essentiellement les HNWI et les grandes fondations, l'African Philanthropy Network (APN) qui regroupe les fondations communautaires et

---

[1] Ebrima Sall est Directeur Exécutif de TrustAfrica

panafricaines, et l'African Venture Philanthropy Alliance (AVPA)[1].

- des centres et ONG de recherches tels que le Centre de recherche sur la philanthropie africaine et les investissement sociaux (CAPSI) qui est basé à la Wits Business School de l'Université du Witwatersrand à Johannesburg, le Gerhart Center à l'American University in Cairo et EPIC-Africa à Dakar (qui fait l'objet d'un chapitre dans cet ouvrage).

Ils se distinguent par leur orientation panafricaniste et une volonté affichée de faire bouger les lignes dans des domaines qu'ils considèrent comme étant stratégiques pour le développement de l'Afrique. Leur ambition commune est de contribuer à l'amélioration des conditions de vie des peuples africains, et de promouvoir la justice sociale, la justice environnementale et la paix. Ils s'inscrivent dans une dynamique transformatrice des économies, voire des systèmes de gouvernance. Ils interrogent ouvertement les narratifs dominants sur le continent, notamment ceux sur la philanthropie, le développement, et la place et le rôle de l'Afrique dans le monde. Dans ce chapitre, nous présentons cinq exemples pour illustrer l'importance du rôle que ces acteurs ont joué dans l'écosystème philanthropique et dans le développement du continent : TrustAfrica, African Women's Development Fund (AWDF), Mo Ibrahim Foundation (MIF), African Capacity Building Foundation (ACBF), et Black Feminist Fund (BFF). À l'exception de l'ACBF qui a été créée en 1991, tous ces acteurs sont entrés en scène à partir des années 2000.

[1]Il y a également un nombre croissant d'associations et réseaux nationaux de philanthropie qui contribuent au renforcement de l'écosystème, comme l'Independent Philanthropy Association of South Africa (IPASA), le Ghana Philanthropy Forum, le Réseau Philanthropique du Sénégal (RePhiS), et les associations nationales d'Éthiopie, du Kenya, d'Ouganda et de Tanzanie. Un phénomène identique se développe également au niveau régional aussi bien en Afrique de l'Ouest qu'en Afrique australe où il y a des démarches en vue de créer des réseaux régionaux.

TrustAfrica

TrustAfrica a été créée en 2005 pour répondre au besoin de disposer d'une institution philanthropique panafricaine forte, capable d'accompagner la société civile et de faire avancer l'agenda africain de développement. Ses origines remontent au début des années 2000. Bien que l'Afrique soit entrée dans le nouveau millénaire avec un grand nombre de pays gouvernés par des régimes plus ou moins démocratiques, l'euphorie suscitée par les conférences nationales et tout ce qui a été qualifié de « troisième vague » de démocratisation mondiale avait commencé à retomber, notamment avec la prolifération de guerres civiles (Libéria, Sierra Leone, République démocratique du Congo, Darfour...) et d'attaques terroristes qui traversa le continent pendant les années 1990 et au début des années 2000. L'afro-pessimisme et la perte de confiance en l'Afrique gagnaient du terrain dans les pays du Nord[1], ce qui avait conduit au retrait de plusieurs acteurs internationaux du continent. Sur le continent africain lui-même, comme l'avait affirmé Thandika Mkandawire, Secrétaire exécutif du CODESRIA en marge de la septième assemblée générale de cette institution en 1992, l'afro-pessimisme n'avait aucune place. La préoccupation principale des organisations de la société civile, des mouvements sociaux, et des chercheurs était celle de savoir comment consolider la démocratie et faire avancer le développement dans le continent[2]. Cette conviction que les Africains, en tant que premiers responsables du développement du continent, avaient une sorte d'obligation de s'engager activement dans la recherche des solutions aux problèmes de gouvernance et de développement

---

[1]Le magazine *The Economist* a eu l'audace à l'époque de qualifier l'Afrique de « Hopeless Continent ».

[2] « L'afro-pessimise ? ça, c'est une maladie des Européens », avait-il répondu à cet auteur lorsque je lui ai dit que l'enthousiasme et la passion avec lesquels les participants à la 7e AG du CODESRIA, dont un grand nombre de jeunes chercheurs, discutaient des crises et défis auxquels le continent africain était confronté contrastaient vraiment avec l'afro-pessimisme que j'avais observé en Europe.

était partagée par ceux qui travaillaient pour certaines ONG et fondations internationales.

Or, au même moment, la Fondation Ford, dont la fortune venait de s'améliorer du fait des gains substantiels obtenus grâce aux investissements de son fonds de dotation, décida au contraire de renforcer sa présence dans les pays du Sud, notamment en Afrique. Les directeurs de ses quatre bureaux régionaux en Afrique se sont entendus très vite sur le fait que l'appui substantiel supplémentaire que Ford souhaitait apporter au continent africain devait servir à créer une fondation contrôlée et dirigée par des Africains, et qui travaillerait sur les priorités définies par le continent lui-même. La direction de Ford se laissa convaincre, et en 2001 décida de lancer son Initiative spéciale pour l'Afrique (SIA). Akwasi Aidoo, jusque-là directeur du bureau régional pour l'Afrique de l'Ouest basé à Lagos, quitte son poste pour prendre la direction de la SIA au siège de Ford à New York. Pendant les années qui suivirent, les consultations au sein de Ford et en Afrique, notamment avec une série de rencontres avec des représentants d'organisations de la société civile africaine, mèneront à la création de TrustAfrica.

Le nom « TrustAfrica » a été choisi pour désigner la création d'un fonds (*trust)* africain. Cependant, au lieu de l'appeler « Africa Trust », ou écrire « Trust Africa» (en deux mots), la décision prise, suivant la recommandation de Tade Aina[1], était d'appeler la nouvelle entité « TrustAfrica », car le déficit de confiance en l'Afrique au niveau des pays du Nord était tellement grand que l'un des objectifs fondamentaux que l'on devrait chercher à atteindre par cette nouvelle initiative était de démontrer que l'on peut, et que l'on doit faire confiance à l'Afrique (Barya et Richardson, 2012)[2]. Les principaux

---

[1]Tade Aina est acteur influent de la philanthropie sur le continent, ayant occupé des postes de direction et/ou de représentation pour l'Afrique des fondations Ford, Carnegie, MasterCard, et de CODESRIA. Il est coéditeur du livre sur la philanthropie africaine « *Giving to help, helping to give: The context and politics of African philanthropy »* publié en 2013 par Amalion et TrustAfrica.

[2]Pour la petite histoire, c'est Tade Aina qui proposa la formulation du nom qui fut retenu au terme de longues discussions.

promoteurs de la SIA et de TrustAfrica ont donc vu plus grand et plus loin, et leur ambition pour la fondation TrustAfrica était beaucoup plus importante que celle qu'avait la Fondation Ford. En effet, celle-ci souhaitait créer une fondation qui contribuerait au développement du continent africain de manière durable, notamment en mobilisant des ressources philanthropiques internes au continent (Akpilima-Atibil, 2018). En cela, la Fondation Ford a réussi, en créant une fondation modelée sur la fondation de type occidental, bien gérée, mais l'objectif de mobilisation des ressources internes n'a pas été atteint, entre autres parce que, selon Akpilima-Atibil (2018), le modèle emprunté plus ou moins à la Fondation Ford n'était pas adapté au contexte socio-culturel et historique africain.

« Ce nom [TrustAfrica] a fait sortir l'Initiative de Ford et lui a donné sa propre identité en dehors de New York. » [1] *Selon Gerry Salole, le sens double qu'a le nom TrustAfrica est extrêmement important, car ce fut une proclamation de ce que l'institution allait être et le rôle de leadership structurant qu'elle allait jouer. « Le nom est tout pour nous » avait–il dit. « Il ne s'agit pas de dénigrement de l'Afrique, ni de sous-entendre que l'Afrique n'est pas à la hauteur, ni d'encourager la suspicion. C'est un appel à faire confiance à l'Afrique, TrustAfrica »* [traduction libre] [2] (Barya et Richardson, 2012, P.16)

« Le paysage du développement en Afrique est rempli de promesses non tenues, de projets et d'initiatives de donateurs qui ont échoué, et de programmes dictés par des facteurs extérieurs qui ne témoignent pas de la puissance de l'action et de l'expression africaines, souligne Akwasi. Dans ce contexte, Akwasi pense que le nom TrustAfrica évoque un message et une promesse inspirants. » [traduction libre] (Barya et Richardson, 2012, P.16)

Pour les principaux promoteurs du projet SIA et TrustAfrica au sein de la Fondation Ford (Akwasi Aidoo, Gerry Salole, Katharine Pearson, Bradford K. Smith, Tade Akin Aina, Adhiambo Odaga, Natalia Kanem, Emma Playfair… mais également Barry Gaberman (vice-président senior à Ford), et

---

[1] Emma Playfair, citée dans TrustAfrica : « A Chronicle » ; p .15

[2] TrustAfrica : A Chronicle, p.15

dans les organisations de la société civile africaine, c'était une opportunité formidable pour créer une fondation africaine véritable. Dans l'ouvrage *Claiming Agency*[1], les auteurs des différentes contributions racontent l'histoire de TrustAfrica, de sa période d'incubation en tant que SIA jusqu'à son dixième anniversaire, comme un processus de reconquête et de réaffirmation par les Africains de leur *agency* (propre responsabilité) et de leur historicité. C'est ce qui explique le fait que le leadership de TrustAfrica insiste toujours sur le fait que l'institution est non seulement panafricaine, mais qu'elle est aussi dirigée par des Africains, et que sa mission est de renforcer l'*agency* africaine dans la recherche de solutions aux grands problèmes auxquels le continent est confronté, dont ceux de la gouvernance et du développement.

Il faut dire que d'autres institutions panafricaines ont suivi une évolution similaire, notamment le CODESRIA qui, à l'origine, était conceptualisé comme un *Conseil des Directeurs des Instituts de Recherches en Sciences économiques et sociales en Afrique* dont le but était de mutualiser la documentation existante, mais a par la suite été transformé en un véritable conseil de recherche indépendant[2]. Reste que les chemins parcourus par TrustAfrica et le CODESRIA n'ont été ni droits,

---

[1] Mohamed, H. and Coleman, E. (eds) 2016, *Claiming Agency: Reflecting on TrustAfrica's First Decade.* Dakar & Harare : TrustAfrica & Weaver Press; 157 pages; Voir également: Barya, M.K. and Richardson, W. 2012, *TrustAfrica: A Chronicle.* Dakar: TrustAfrica, 31 pages; Zewde, B. forthcoming, The Challenge of Independent Institution Building in Africa: case studies of four organisations. Addis Ababa: African Child Policy Forum; et Christiana Ankaasiba Akpilima-Atibil 2018, « International Efforts to Promote Local Resource Mobilization for Philanthropy in Africa: Why the Ford Foundation's Initiatives Failed » ; thèse de doctorat défendue à la Lilly Family School of Philanthropy, Indiana University, en décembre 2018.

[2]En 1973, réunis à Dakar, les doyens des facultés des sciences sociales et humaines, les directeurs de centres et instituts de recherche, et d'autres intellectuels africains ont tenu une assemblée générale qui, selon Samir Amin, a transformé le CODESRIA (jusque-là dominé par des expatriés) en un véritable conseil de recherche au service de l'Afrique et dirigé par les Africains.

ni très lisses. Les obstacles ne manquent pas, et TrustAfrica continuera de jouer plusieurs rôles : le financement (*grant making*) ; l'intermédiation ; la recherche sur et le plaidoyer pour la philanthropie africaine ; la mise en œuvre de projets de développement, etc.

La volonté de TrustAfrica de s'affirmer en tant qu'organisation africaine autonome qui contribue au développement indépendant et durable du continent se manifestera à travers le choix de ses domaines d'intervention (la gouvernance démocratique ; le développement équitable ; et la philanthropie africaine) et ses programmes d'activités, mais également de deux autres manières :

- L'intérêt porté sur les narratifs sur l'Afrique, sur la philanthropie africaine et sur le développement africain. De ce point de vue, l'on peut dire que l'affirmation était aussi bien épistémique, rappelant ce que dans la pensée décoloniale l'on appelle la « désobéissance épistémique »[1], que politique dans la mesure où il s'agit d'une volonté d'avoir une plus grande maîtrise et une plus grande capacité d'intervention sur les processus de changement et du développement du continent.
- L'investissement de ressources et d'efforts importants dans le renforcement de l'écosystème de la philanthropie en Afrique et dans la construction de réseaux et d'une communauté philanthropique panafricaine.

Ces deux axes ont été déterminés par la société civile africaine. En effet, c'est à la suite d'une série de séminaires, de rencontres et concertations dans plusieurs villes africaines auxquels ont participé des universitaires, des responsables de mouvements sociaux et de la société civile de manière générale, et du monde de la philanthropie que les axes de travail et les domaines prioritaires ont été fixés. L'agenda était donc bien celui de la société civile africaine.

---

[1] Voir les travaux de Anibal Quijano, Walter Mignolo, Ramón Grosfoguel; Sabelo J. Ndlovu-Gatshen…

African Women's Development Fund (AWDF)

De manière similaire à TrustAfrica, l'African Women's Development Fund (AWDF)[1] basée au Ghana a été créée au début des années 2000. Les trois femmes fondatrices — Joana Foster (du Ghana), Hilda Tadria (de l'Ouganda), et Bisi Adeleye-Fayemi (du Nigéria) — avaient pour but « *d'apporter des changements positifs mesurables dans la vie des femmes africaines* »[2]. Sa « *mission est de financer, renforcer et soutenir les organisations et les mouvements dirigés par des féministes africaines, des femmes, des filles et des personnes allosexuelles, dans la poursuite de la justice de genre et de la transformation sociale* »[3] . Parmi ses activités principales, il y a l'octroi de subventions aux organisations et mouvements, le renforcement des capacités des organisations et mouvements féministes, la critique des narratifs dominants sur les femmes, le développement, la gouvernance, etc., d'un point de vue féministe, et la production de nouveaux narratifs inspirés par le féminisme.

Le contexte dans lequel AWDF fut créé et travaille est non seulement celui des sociétés africaines patriarcales, mais également celui d'un développement international élitiste qui ne favorise pas l'épanouissement et la participation des femmes dans les processus de gouvernance et de développement au même niveau que les hommes. Les organisations des femmes africaines ne recevaient pas d'appuis financiers adéquats. La conférence africaine préparatoire de la conférence de Beijing de 1995 a été l'occasion pour deux des fondatrices de se rencontrer à Dakar. L'exemple du Global Fund for Women, fondé par trois femmes dans le but de mobiliser et canaliser des financements substantiels pour les organisations et mouvements des femmes

[1] https://awdf.org/
Sur les origines, les objectifs, et la première douzaine d'années de l'histoire de AWDF, voir également Jenny Hodgeson 2013, « Roots Not Seeds: A Case Study of the Origins of Two Succesful African Philanthropic Institutions » ; in Aina, T.A. & Moyo, B., 2013, *Giving to Help, Helping to Give : The Context and Politics of African Philanthropy*. Dakar : Amalion & TrustAfrica, pp : 363-389

[2] //awdf.org/awdf-journey/FR/

[3] //awdf.org/awdf-journey/FR/

dans le monde, qui avait organisé un atelier dans le cadre de la Conférence africaine préparatoire de la Conférence de Beijing, fut une source d'inspiration pour faire la même chose pour les organisations des femmes africaines également. Une fois créée, AWDF fut incubée par Akina Mama wa Africa (AMwA, l'organisation pour laquelle travaillait Bisi Adeleye-Fayemi), notamment à l'Institut pour le leadership des femmes africaines basé en Ouganda. Le lancement officiel de AWDF a été fait à New York en juin 2000 en marge de la Conférence mondiale *Beijing Pus 5*. Le siège fut établi à Accra, et Bisi Adeleye-Fayemi quitta AMwA pour en prendre la direction, tandis que Joana Forster devint présidente du conseil d'administration. Plusieurs autres grandes figures du mouvement féministe africain se sont succédé à la direction et dans le conseil d'administration de AWDF (Theo Sowa, Jessica Horn, Françoise Moudouthe…)[1].

Comme TrustAfrica, les financements dont a bénéficié AWDF venaient essentiellement des fondations et agences de financement non africaines, mais il y a également eu une subvention importante (1 million de dollars US) de la part de la Fondation Nelson Mandela. Ce déséquilibre dans les financements de la Fondation va perdurer. Néanmoins, cela ne semble pas avoir eu d'impact négatif sur l'agenda de la fondation, ou orienté le narratif sur les femmes africaines et sur l'Afrique qu'elle produit.

Par ses subventions, AWDF a appuyé un grand nombre d'« organisations locales, nationales, sous-régionales et régionales en Afrique, qui œuvrent en vue de l'autonomisation des femmes et la promotion de leurs droits ». Au départ, AWDF a voulu démontrer qu'il est possible pour les organisations des femmes africaines d'être financées par une fondation des femmes africaines et s'est efforcée d'octroyer au minimum une subvention à une organisation basée dans chacun des 54 pays du continent. Plus tard, cette stratégie a évolué et est devenue plus sophistiquée en cherchant à avoir un impact important dans des domaines ciblés et très stratégiques : les droits des femmes, la

[1]La direction a été assurée par des femmes anglophones et francophones, et le personnel est également recruté au niveau panafricain

participation politique, la construction de la paix, les droits de santé et reproduction, *l'empowerment* économique des femmes ...[1]

« L'AWDF est arrivée dans le monde de la philanthropie qui était un secteur créé et régi par le monde occidental. L'AWDF a remis en cause cette domination, et a uni ses forces à celles d'autres fonds de femmes au Sud, de partenaires et d'ami.e.s, pour changer cette donne philanthropique. Il ne s'agissait pas seulement d'un changement de mode de fonctionnement du secteur et de ses dirigeant.e.s, mais de la création d'une toute nouvelle approche. Une approche par des femmes africaines, pour des femmes africaines. C'était tout un défi. Et c'en est toujours un » (Hodgeson, 2013, p.383) [2]

Au cours de ses 24 années d'existence, AWDF a formé des leaders féministes et permis à beaucoup d'organisations et mouvements de femmes de se développer. Ses nombreuses publications ont fortement influencé les narratifs relatifs au genre et les politiques de développement.

Black Feminist Fund (BFF)

Cette institution a une histoire et des objectifs qui ressemblent un peu à ceux de l'AWDF. Fondée en 2021[3] par trois femmes (Amina Doherty, Hakima Abbas[4], et Tynesha McHarris[5]) à la suite d'une longue conversation sur comment mieux sécuriser et

---

[1]Hodgeson 2013 ; op.cit., p383
[2]https://awdf.org/awdf-journey/FR/
[3]https://blackfeministfund.org/. *"We support movements that are fighting against systems of oppression and building another world that is affirming of Black women and gender expansive people. We are changing the way Black feminist groups are supported"*
[4]Voir CAPSI Podcast Series, Conversations on African Philanthropy, EP 35, Hakima Abbas : Black Feminist Fund and Reimagining Philanthropy;
https://capsi.co.za/conversations-on-african-philanthropy-podcast/
[5]https://www.fordfoundation.org/news-and-stories/stories/meet-the-black-feminist-fund-founders-out-to-transform-philanthropy/#:~:text=The%20founders%20of%20the%20Black,Hakima%20Abbas%20and%20Tynesha%20McHarris.

renforcer les assises financières et institutionnelles des mouvements féministes noires, une conversation qui a duré dix ans. La création de BFF quelques années après la naissance du mouvement *Black Lives Matter* a été importante. La faiblesse de la part des financements philanthropiques destinés aux mouvements féministes noirs est bien documentée[1] :

« En 2018, sur près de 70 milliards de dollars de dons de fondations dans le monde, moins de la moitié d'un pour cent est allé à des mouvements sociaux féministes noirs. Dans le cadre d'une philanthropie plus ciblée sur les droits de l'homme, seulement cinq pour cent des organisations financées se sont concentrées sur des questions touchant les femmes noires, les filles et les personnes trans et non conformes au genre. Et une seule subvention a été accordée pour soutenir l'organisation internationale des féministes noires [traduction libre]»[2].

Les fondatrices de BFF ont voulu changer la donne, mais elles ont également voulu répondre aux limitations et travers qui existent au niveau de la philanthropie internationale : les problèmes de décolonisation, le besoin de transférer une partie du pouvoir vers les partenaires, la localisation, le besoin d'un compagnonnage de longue durée, etc.

Dès son lancement, le leadership de BFF s'est engagé dans une recherche de fonds très active et a réussi en quelques années à mobiliser 40 millions de dollars. Pour éviter de passer beaucoup de temps à essayer de s'enregistrer quelque part, BFF s'est fait héberger par le Global Fund for Women qui lui sert de sponsor fiscal, ce qui lui a permis de bénéficier des systèmes et de la crédibilité de cette dernière. Elle a opté pour un leadership collégial (co-leadership), a une approche des questions de financement d'une manière originale en commençant très vite à octroyer des subventions importantes aux organisations et mouvements féministes à travers deux mécanismes : un « fond de solidarité », qui sert à apporter un appui important aux mouvements et organisations féministes dans des contextes de

[1]Hakima Abbas, CAPSI Conversations on African Philanthropy.

[2]Ibid. *"Meet the Black Feminist Fund founders out to transform philanthropy"*

crises et d'urgence, ou de grandes opportunités ; et un fond « systémique » qui sert à renforcer les organisations et mouvements avec des subventions importantes pour une durée pouvant aller jusqu'à huit ans, ce qui permet aux récipiendaires des subventions d'être assurées d'un accompagnement durable et substantiel[1].

En 2024, BFF a organisé une grande conférence internationale à la Barbade, l'un des pays dans lesquels elle pourrait éventuellement être enregistrée.

BFF est le plus jeune des nouveaux acteurs structurants, mais elle a déjà fait la démonstration que la philanthropie peut vraiment être transformatrice et que l'on peut faire la philanthropie autrement.

Mo Ibrahim Foundation (MIF)

Cette fondation se définit comme une voix africaine sur les questions globales. Elle a été créée par un Soudanais, Mo Ibrahim, qui a fait fortune dans le monde des télécoms. La fondation qu'il a créée, et qui porte son nom, intervient presque exclusivement sur les questions de leadership et de gouvernance[2]. La principale raison de ce choix est le fait que ces questions sont au cœur de la problématique du développement de l'Afrique, et sont une des clefs de la compréhension de la grande différence que l'on peut observer entre , d'une part, la République Démocratique du Congo (RDC), un pays qui est l'un des plus grands en termes de superficie, des plus peuplés, et des mieux dotés en termes de ressources hydrauliques et minières, et, d'autre part, le Cap Vert, pays insulaire (un archipel dont certaines îles sont désertiques), faiblement peuplé, et très faiblement doté de ressources minières. Or, la RDC est un pays où la pauvreté est massive, touchant la grande majorité de la population. L'économie et les infrastructures physiques et sociales sont très peu développées. Le pays est traversé par des

---

[1]Hakima Abbas, interview avec cet auteur. Voir également CAPSI Conversations on African Philanthropy, EP 35; https://capsi.co.za/conversations-on-african-philanthropy-podcast/

[2]https://mo.ibrahim.foundation/

conflits armés dont le coût en vies humaines se calcule en millions de décès. Le contraste avec la situation du Cap Vert est frappant, car celui-ci est l'un des rares pays qui ont réussi à sortir de la catégorie des pays dits les moins avancés (les PMA) par le haut, depuis plus de 20 ans, en devenant un pays à revenu intermédiaire, selon les classifications des institutions telles que la Banque mondiale et le Programme des Nations Unies pour le développement (PNUD). Le Cap Vert a toujours des scores très élevés dans l'Indice Ibrahim de la gouvernance en Afrique (IIAG), tandis que la RDC a des scores très bas. La gouvernance et le leadership sont très probablement les facteurs explicatifs les plus pertinents de cette différence entre les deux pays.

À la différence de beaucoup d'autres institutions philanthropiques, la MIF donne rarement des subventions, en dehors des bourses pour le leadership, les bourses pour permettre à dix filles de chaque région du Soudan de s'inscrire et faire des études supérieures à la prestigieuse Université Ahfad pour les femmes, qui se trouve à Omdourman, près de Khartoum. Les activités phares de cette fondation sont :

- l'Indice Ibrahim de gouvernance en Afrique (IIAG), qui est l'un des meilleurs au monde et qui n'a pas d'équivalent ailleurs. L'IIAG est une ressource importante et un excellent cadre de référence qui permettent aux gouvernants, à la société civile et à tous les acteurs qui le souhaitent de savoir exactement quels améliorations ou reculs il y a eu dans les quatre (maintenant il y en a cinq – la méthodologie est revue et améliorée chaque année) grands axes de l'index :

- La sécurité et l'état de droit (*Security & Rule of Law*)
- *Participation, Rights & Inclusion*
- *Citizens' Voices*
- *Foundations for Economic Opportunity*
- *Human Development*

- Le Prix Ibrahim pour un leadership d'excellence en Afrique (*Leadership Prize*[1]), accordé aux chefs d'États africains

[1] « *The Leadership Prize:*

élus, qui gouvernent et quittent le pouvoir démocratiquement au terme de leurs mandats. L'idée est de célébrer l'excellence dans le leadership en augmentant la visibilité des modèles exemplaires de gouvernance au niveau mondial tout en stimulant des conversations importantes sur le leadership en Afrique. Depuis sa création, ce prix a été donné à plusieurs anciens chefs d'États africains : Joaquim Chissano (Mozambique, 2007) ; Festus Mogae (Botswana, 2008) ; Pedro Pirès (Cap Vert, 2011) ; Hikifepunye Pohamba (Namibie, 2014) ; Ellen Johnson Sirleaf (Libéria, 2017), et Mahamadou Issoufou (Niger, 2020). Nelson Mandela a été un lauréat honoraire du prix en 2007.

- Le Ibrahim Governance Weekend, qui est un forum annuel sur la gouvernance, dont les documents de base et les rapports sont d'une très grande qualité.
- Le *Now Generation Network (*Réseau Génération Actuelle), qui est une nouvelle initiative : "*The Now Generation Network (NGN), an initiative by the Mo Ibrahim Foundation, is a vibrant community of change-makers dedicated to shaping a brighter future for Africa. Our network comprises dynamic alumni from our fellowship and scholarship programs and a diverse group of thematic experts. Together, we're driving positive change across the continent* »[1].

- *Recognises and celebrates African executive leaders who, under challenging circumstances, have developed their countries and strengthened democracy and human rights for the shared benefit of their people, paving the way for sustainable and equitable prosperity*
- *highlights exceptional role models for the continent*
- *ensures that the African continent continues to benefit from the experience and wisdom of exceptional leaders once they have left national office, by enabling them to continue in other public roles on the continent*
- *is an award and a standard for excellence in leadership in Africa, and not a 'first prize', there is not necessarily a Laureate every year" (https://mo.ibrahim.foundation/ibrahim-prize). »*

[1]https://mo.ibrahim.foundation/now-generation-network

La Fondation Mo Ibrahim a son siège à Londres. Elle est présidée par Mo Ibrahim lui-même, et celle qui fut la première directrice exécutive de la fondation, Hadeel Ibrahim, s'est par la suite engagée dans la création de l'Africa Center à New York avec l'appui de la MIF. Le conseil d'administration, les comités, et les groupes d'experts avec qui la fondation travaille sont constitués de personnalités éminentes reconnues pour leur stature internationale et/ou leur expertise.

Le Leadership Prize a fait l'objet de débats très animés, voire de critiques, et la question de savoir si c'est la meilleure manière de promouvoir l'excellence dans le leadership et la gouvernance est souvent posée. Malgré cela, la MIF a très fortement marqué le débat sur la gouvernance démocratique en Afrique, notamment par l'Indice qu'il publie chaque année. Elle n'a pas les problèmes d'accès à des financements que connaissent la plupart des fondations panafricaines, et est par conséquent très autonome et ses publications sont fondées sur des recherches très sérieuses.

L'African Capacity Building Foundation (ACBF)

La Fondation pour le renforcement des capacités en Afrique (ACBF) est différente des autres fondations du point de vue de ses origines, son affiliation avec l'Union africaine, et les sources de ses financements. En effet, l'ACBF est une agence spécialisée de l'Union africaine créée depuis 1991 par douze pays et des partenaires pour répondre aux défis de renforcement des capacités en Afrique[1]. Cependant, il s'agit bien d'une fondation, et donc d'un acteur philanthropique, dont le but est de renforcer la capacité des Africains à relever les défis de développement tels que la gouvernance et le changement climatique. De ce point de vue, il y a des similitudes entre la volonté de renforcer l'*agency* des Africains que cherchent à renforcer TrustAfrica et AWDF, et ce que l'ACBF cherche à faire. Par contre, là où TrustAfrica et l'AWDF essaient de mobiliser des financements auprès des fondations nord-américaines et européennes, l'ACBF obtient l'essentiel des ressources avec lesquelles elle travaille auprès des gouvernements africains, de la Banque mondiale et des agences

[1] https://www.acbf-pact.org/fr/qui-nous-sommes

de coopération gouvernementale des pays amis du Nord et des émergents du Sud global.

L'ACBF a contribué au renforcement de nombreuses institutions gouvernementales, notamment les départements de planification. Elle a également facilité la création de nouvelles institutions et contribué au renforcement de plusieurs institutions dont la réputation sérieuse est maintenant bien établie. Son appui aux *think tanks indépendants*, réseaux et conseils de recherche, comme le CODESRIA, est plus tardif, mais a également été important. Depuis une dizaine d'années, l'ACBF joue un rôle important auprès des *think tanks* africains dont elle organise le forum annuel. L'ACBF a également récemment commencé à jouer un rôle important dans la communauté philanthropique africaine, et ses conseils sont de plus en plus sollicités par des responsables de fondations et des coordonnateurs de réseaux philanthropiques. Sous le leadership de Mamadou Biteye, l'ACBF participe à la Conférence annuelle sur la philanthropie africaine et est membre du *Award Committee* qui décerne le *Africa Philanthropy Lifetime Achievement Award.* Cela est dû à la place très stratégique qu'occupe l'ACBF du fait de ses liens très forts avec les *think tanks* et la communauté philanthropique africaine, et sa proximité du leadership de l'Union africaine dont elle est une agence spécialisée. C'est également parce que le secrétaire exécutif vient du monde philanthropique, ayant été le représentant régional de la Fondation Rockefeller en Afrique pendant une bonne dizaine d'années.

Un impératif commun : changer les narratifs

Lors de l'un des ateliers organisés en marge du Sommet sur le Futur à New York en septembre 2024, le Professeur Adam Habib, ancien recteur de l'Université du Witwatersrand et directeur actuel de la *School of Oriental and African Studies* de l'Université de Londres, disait de TrustAfrica que c'est une « organisation de développement de la philanthropie ». Cette caractérisation pourrait également convenir à la plupart des nouveaux acteurs qui jouent un rôle structurant dans l'écosystème philanthropique africain. Au-delà de la philanthropie, c'est dans les processus de transformation structurelle des économies, sociétés et systèmes de gouvernance, du développement, et donc de construction d'un présent et des futurs que nous voulons, que ces acteurs se sont engagés. Pour ces nouveaux acteurs, cela passe avant tout par un *changement de narratif* et de regard sur le continent africain, comme levier important du développement. TrustAfrica a été particulièrement actif dans ce sens, souvent en collaboration avec les autres acteurs susmentionnés (AWDF, CAPSI, Urgent Action Fund-Africa, African Philanthropy Network, ACBF, BFF,...) et bien d'autres.

Se fondant sur la conviction ferme que ceux qui sont les plus concernés par le développement du continent doivent être en première ligne dans la lutte pour le développement, TrustAfrica s'est assigné la responsabilité de participer au renforcement de l'*agency* des Africains dans la recherche de réponses aux défis les plus pressants auxquels le continent africain est confronté. Cela commence par la production du sens (*sensemaking*) et la compréhension que l'on doit avoir des problèmes eux-mêmes. La recherche et la production du savoir et l'interrogation des narratifs sur l'Afrique, sur le développement du continent et sur la philanthropie africaine a donc été une des priorités de la fondation. La recherche et l'organisation des dialogues multi-acteurs fondés sur les savoirs produits se font dans tous les trois grands axes programmatiques de la fondation. Le discours dominant, notamment sur la philanthropie, accorde très peu d'importance au rôle que joue la philanthropie africaine, notamment la philanthropie traditionnelle. Au-delà de la philanthropie, c'est le discours sur l'Afrique qui a pendant trop longtemps été influencé, voire marqué par l'expérience et la pensée occidentales. À la différence, la *philanthropie africaine* est caractérisée par la solidarité, la réciprocité, et le partage de ce que l'on a, étant entendu que, selon la philosophie de l'*ubuntu*[1] et celle du *nitté,* notre existence en tant que personne ou

---

[1]« Ubuntu » est une philosophique africaine humaniste qui signifie « Je suis parce que tu es »; « Je suis ce que je suis parce que vous êtes ce que vous êtes (I am because we are) ». Ce concept renvoie à l'humanité, l'interdépendance et la solidarité, et il est communément utilisé pour traduire l'essence de la philanthropie africaine.

communauté n'est possible et n'a de sens que parce que les autres existent. TrustAfrica s'est attelée à organiser et soutenir la production du savoir sur cette philanthropie africaine, ce qui la caractérise et son évolution ; ses interactions avec la philanthropie internationale ; les acteurs et les institutions qui y sont engagés ; les pratiques et les questions qu'elle aborde ; le rôle fondamental qu'elle joue dans le fonctionnement au quotidien des sociétés africaines ainsi que dans les processus du développement.

En plus des narratifs, TrustAfrica s'intéresse également aux rapports que l'on entretient avec les communautés, organisations et mouvements sociaux avec lesquels on travaille. Ces rapports, comme ceux qui existent au sein de la communauté philanthropique internationale, doivent être fondés sur des valeurs partagées et régis par des principes de justice, d'équité, et d'imputabilité (*accountability*) mutuelle. C'est pourquoi les débats sur la subsidiarité, le partenariat, la localisation, le partage des pouvoirs et la décolonisation de la philanthropie ont retenu l'attention de la fondation. Et ce, d'autant plus que la société civile africaine, aussi bien les ONG que les réseaux d'organisations, sont pour la plupart dépendants des financements extérieurs, ce qui les fragilise, les rend vulnérables et presque incapables de se concentrer sur des agendas qui leur sont propres, ou définis collectivement au niveau national, sous-régional ou continental. Il en est de même pour la plupart des fondations communautaires et des réseaux d'organisations philanthropiques panafricains.

Face à cette situation critique dans laquelle se trouvent la société civile africaine et la communauté philanthropique, TrustAfrica s'est assigné plusieurs tâches :

i) Se constituer en une institution philanthropique africaine forte, capable de mobiliser des ressources philanthropiques internationales et africaines pour pouvoir appuyer financièrement, techniquement et par d'autres moyens les organisations de la société civile et les mouvements sociaux au sein des pays, mais également à l'échelle continentale. Pour cela, l'appui institutionnel très fort que la Fondation Ford lui a apporté pendant ses dix premières années d'existence a été d'une très grande utilité[1]. D'autres fondations internationales lui ont également apporté leur soutien pour lui permettre de développer et mettre en œuvre des programmes d'activités dans ses trois axes prioritaires. Malheureusement, l'objectif de lever des fonds de l'intérieur même du continent a donné des résultats beaucoup moins importants que la recherche des financements auprès des fondations internationales.

ii) Renforcer l'écosystème philanthropique africain et créer une communauté africaine de philanthropie. Sous cet angle, TrustAfrica a non seulement fait des interventions au niveau des narratifs sur la philanthropie africaine, mais a également soutenu beaucoup d'organisations et institutions de la société civile, des *think tanks*, et des fondations communautaires. TrustAfrica a très souvent été la première fondation à soutenir les nouvelles institutions et les réseaux et mouvements émergents, voire des coalitions et plateformes regroupant plusieurs institutions et organisations. Certains, tels que l'*African Philanthropy Network* (APN) et *Africans Rising,* dont la création a été soutenue par TrustAfrica, sont devenus des réseaux et mouvements ou ONG panafricains très influents. Le renforcement de l'écosystème a également pris la forme d'une cartographie participative de l'écosystème philanthropique en Afrique de l'Ouest et d'appui à des initiatives dont le but est de créer des associations ou plateformes nationales de philanthropie dans plusieurs pays et au niveau sous-régional.

iii) Il faut également souligner l'importance qu'a prise la Conférence annuelle sur la philanthropie africaine (APC) dans l'organisation de laquelle TrustAfrica et le Centre de recherche sur la philanthropie africaine et les investissements sociaux (CAPSI) jouent le rôle principal. Cette conférence, dont la cinquième édition s'est tenue à Victoria Falls, au Zimbabwe, en juillet et août 2024, rassemble des centaines de personnes venant d'Afrique et de plusieurs autres continents, des responsables des fondations internationales et africaines, des milieux académiques, du secteur privé, de la société civile et des gouvernements africains. Il s'agit d'une plateforme commune gérée par un collectif de fondations, de centres et de réseaux

---

[1] Trente millions de dollars, sur dix ans

philanthropiques[1]. Le thème choisi pour chaque édition correspond à ce que le collectif organisant l'APC considère comme étant un sujet sur lequel l'ensemble de la communauté philanthropique africaine devrait travailler. Pour renforcer le caractère communautaire de la conférence, depuis la troisième édition l'on décerne à cette occasion un prix qui célèbre la contribution très importante d'un membre de la communauté, le *African Philanthropy Lifetime Achievement Award*. La première lauréate fut madame Graca Machel, le deuxième Akwasi Aidoo, le troisième Gerry Salole, et le quatrième Tade Akin Aina.

iv) La construction d'une infrastructure philanthropique solide telle qu'un fonds de dotation bien rempli. Pendant un certain temps, TrustAfrica se voyait seul construire ce type de fonds. Depuis 2022, TrustAfrica et Urgent Action Fund-Africa se sont mis ensemble pour lancer une nouvelle initiative dont le but est de créer une infrastructure solide, un fonds de dotation dans lequel il y aurait des ressources très importantes qui seront disponibles pour soutenir les institutions philanthropiques africaines et les actions et initiatives que celles-ci jugent prioritaires. Pour commencer, en donnant l'exemple, les participants à la réunion de planification de cette nouvelle initiative se sont engagés eux-mêmes à faire des contributions personnelles, et TrustAfrica et UAF-A ont, eux aussi, fait des contributions à partir de leurs propres fonds. La nouvelle initiative, dont le nom est *Harambee-Ubuntu Pan African and Feminist Philanthropies,* travaille également sur les narratifs relatifs à la philanthropie et aux principes qui doivent gouverner les relations entre institutions philanthropiques, et entre celles-ci et les communautés, organisations et mouvements avec lesquels elles travaillent et dont elles tirent la légitimité de leur action. C'est dans ce cadre que les *Naivasha Principles* ont été adoptés en février 2023.

---

[1]African Philanthropy Forum ; African Philanthropy Network; CAPSI; East African Philanthropy Network; Southern Africa Trust; et TrustAfrica. Le Centre d'études africaines de l'Université de Harvard et HigherLife Foundation étaient parmi les organisateurs de la première et de la deuxième édition. L'African Venture Philanthropy Alliance a exprimé son intérêt de rejoindre le collectif organisateur.

v) Enfin, il faut souligner le fait que TrustAfrica a créé des plateformes de collaboration entre bailleurs de fonds (International Criminal Justice Fund, Nigeria Anti-Corruption and Criminal Justice Fund — créé par Ford, MacArthur, Open Society Foundation et TrustAfrica pour soutenir la lutte du gouvernement nigérian contre la corruption, Zimbabwe Alliance…) et des fonds d'appui aux mouvements sociaux. TrustAfrica héberge également des fonds et sert de sponsor fiscal à plusieurs organisations, mouvements et institutions (Wangari Mathai Foundation, Africans Rising, Africa Regional Agroecology Fund, Africa Restitution Fund). Le Kiisi Trust Fund, dans la communauté Ogoni du delta du Nigéria, développé et géré par TrustAfrica, est maintenant devenu une fondation autonome.

Pour ce qui est des grands défis auxquels le continent est confronté, les rencontres organisées dans les premières années de la fondation pour déterminer ses priorités ont souligné l'importance des questions de gouvernance, de démocratie et de citoyenneté, et les questions de développement équitable et de justice économique et sociale. Les questions de santé s'y sont ajoutées, notamment quand l'épidémie d'Ebola et la pandémie de COVID-19 ont éclaté. Le changement climatique et les questions de justice environnementale et climatique occupent une place importante dans le travail de TrustAfrica, comme celles du genre et de la jeunesse.

Sa crédibilité et son leadership dans la société civile et dans la communauté philanthropique et sa capacité à dialoguer avec les gouvernements et les organisations continentales, telles que l'Union africaine, la Commission économique des Nations Unies pour l'Afrique (CEA) et la Coalition pour le dialogue sur l'Afrique créée par l'Union africaine, la CEA et la Banque africaine de développement (BAD) ont permis à TrustAfrica de coorganiser des grands sommets avec d'autres institutions, tels que le Sommet sur l'enseignement supérieur en Afrique en 2015, dont la Déclaration a été prise en compte dans la stratégie africaine pour l'éducation 2016-2025, et le Sommet sur la démocratie en Afrique (en mai 2024), dont l'un des objectifs était de réimaginer la démocratie dans cette période où elle est en perte de vitesse.

Conclusion : Se réinventer constamment

D'énormes progrès ont été réalisés par TrustAfrica, AWDF, BFF, ACBF, MFF et les autres acteurs qui jouent un rôle structurant dans l'écosystème philanthropique africain. Cependant, les défis auxquels ces acteurs ont dû faire face ont eux aussi été très importants. Mobiliser la philanthropie africaine, non seulement pour soutenir ses programmes, mais également pour être mieux organisée et plus audacieuse pour pouvoir jouer pleinement son rôle, reste un grand défi. La dépendance aux financements extérieurs de la plupart des nouveaux acteurs structurants ne va pas sans risques. Ce que l'expérience de TrustAfrica a montré, entre autres, c'est le fait que, lorsqu'on commence avec des financements venus de l'extérieur, il est plus difficile de mobiliser des financements de l'intérieur.

L'environnement politique volatile, notamment avec le recul de la démocratie que l'on observe dans plusieurs pays, le rétrécissement des espaces de liberté, et la rigidité de l'environnement réglementaire sont également des contraintes. Appuyer certains mouvements de lutte pour la transparence et la démocratie a parfois mené à des contrôles, et même le personnel de TrustAfrica fait quelquefois face à de grandes difficultés pour se déplacer vers certains pays, voire pour sa propre sécurité dans quelques pays.

Au-delà de TrustAfrica, c'est l'écosystème qu'il faudrait renforcer. D'où l'importance des initiatives telle que *Harambee-Ubuntu* lancé par TrustAfrica et *Urgent Action Fund-Africa,* avec pour objectif de « réimaginer et définir les récits philanthropiques africains et construire une infrastructure de ressources détenue et gérée localement pour les mouvements et les œuvres philanthropiques panafricains et féministes » [traduction libre][1]. Les femmes ont joué un rôle extrêmement important, non seulement dans AWDF et BFF, mais également dans l'histoire et la gouvernance de TrustAfrica.

---

[1]Source : https://trustafrica.org/project/harambeubuntu-pan-african-and-feminist-philanthropies/

Enfin, il faut dire que rien de tout cela ne devrait nous surprendre : TrustAfrica et les autres acteurs philanthropiques sont et seront toujours affectés par l'environnement socio-économique et politique qui règne en Afrique et dans le monde de la philanthropie. La philanthropie est à un point d'inflexion, comme le monde dans lequel nous vivons. Pour l'avenir, TrustAfrica, AWDF, ACBF et BFF doivent toutes réimaginer leur rôle pour pouvoir participer pleinement à la création du futur que l'Afrique veut pour elle-même et pour le monde. Cela passera nécessairement par une réinvention des sources de financement des institutions philanthropiques du continent, en faisant appel à la diaspora, mais également à de nouvelles sources telles que l'argent récupéré de ce qui avait été perdu à travers les flux financiers illicites, et bien d'autres.

Références bibliographiques

Aina, T.A. and Moyo, B. (2013). *Giving to help, helping to give: The context and politics of African philanthropy*. Amalion Publishing.

Barya, M.K. and Richardson, W. (2012). *TrustAfrica: A Chronicle*. Dakar: TrustAfrica, 31 pages

Christiana Ankaasiba Akpilima-Atibil (2018). *International Efforts to Promote Local Resource Mobilization for Philanthropy in Africa: Why the Ford Foundation's Initiatives Failed*; Thèse de doctorat défendue à la Lilly Family School of Philanthropy, Indiana University, en décembre 2018.

Hodgeson, J. (2013). « Roots Not Seeds: A Case Study of the Origins of Two Succesful African Philanthropic Institutions » ; in Aina, T.A. & Moyo, B. (Eds), *Giving to Help, Helping to Give: The Context and Politics of African Philanthropy*. Dakar : Amalion & TrustAfrica, pp : 363-389

Mohamed, H. and Coleman, E. (2016). *Claiming Agency: Reflecting on TrustAfrica's First Decade*. Dakar & Harare : TrustAfrica & Weaver Press; 157 pages

Zewde, B. (2024). *The Challenge of Independent Institution Building in Africa: case studies of four organisations*. Addis Ababa: African Child Policy Forum

ANNEXE

LISTE INDICATIVE DE NOUVEAUX ACTEURS PHILANTHROPIQUES SUR LE CONTINENT AFRICAIN

- **Les fondations panafricaines,** par exemple TrustAfrica et l'African Women's Development Fund (AWDF), qui ont été soit initiées ou impulsées par de grandes fondations privées internationales telles que Ford, Rockefeller et Mott, soit créées grâce aux efforts de quelques individus qui se sont regroupés pour leur création afin faire franchir à la philanthropie africaine un seuil plus élevé dans ses ambitions.
- **Les *high networth individuals* (HNWI**, qui sont des millionnaires en dollars états-uniens). Le nombre des HNWI a fortement augmenté avec le renforcement de la classe moyenne en Afrique[1].
- **Les fondations familiales et celles créées par les HNWI** : Mo Ibrahim Foundation, Dangote Foundation, Strive et Tsitsi Masiyiwa (HigherLife Foundation), Tony Elemelu Foundation, T.Y. Danjuma Foundation, Itchikowitz Family Foundation …
- **Les fondations d'entreprises** : Ecobank, NSIA, Sonatel…
- **Les fondations communautaires** : KCDF, Kiisi Trust Fund (qui, en 2022, est devenue Kiisi Trust Foundation)
- **Les fondations créées par de grandes figures politiques, intellectuelles, et des mondes artistique et sportif**. Certains sont des musiciens : Youssou Ndour (qui a créé deux fondations, une de type généraliste et l'autre spécialisée dans la promotion des industries créatrices), Angélique Kidjo (qui a créé

---

[1]Le Centre for African Philanthropy and Social Investments (CAPSI, de l'Université de Witwatersrand à Johannesbourg a fait une étude sur les HNWIs, définis comme des personnes dont les fortunes sont estimées à un million de dollars ou plus) dans une trentaine de pays d'Afrique. En Octobre 2023, les participants à un atelier de réflexion organisé à Nairobi par TrustAfrica et Urgent Action Fund – Africa sont arrivés à la conclusion qu'il est plus pertinent de parler de *high net-wealth individuals* (communication orale).

la Batonga Foundation)… Didier Drogba et Sadio Mané, qui sont tous les deux des footballeurs de grand renom, sont également de grands philanthropes, comme l'était l'ancien joueur de la NBA, le Congolais-Américain Dikembe Mutombo. La plupart des fondations créées par, ou qui portent le nom de, ces grandes figures cherchent à perpétuer l'héritage ou réaliser les vœux de leurs parrains : Fondation Kéba Mbaye (Sénégal, dont le parrain, le juge Kéba Mbaye portait un grand intérêt à l'éthique, à l'État de droit, et au droit au développement) ; Fondation Amadou Mahtar Mbow (qui porte le nom du premier Africain à avoir dirigé une grande agence des Nations Unies (UNESCO.Il considérait que les savoirs endogènes sont d'une importance capitale pour le développement de l'Afrique et avait exprimé son souhait que la fondation qui porte son nom (créée en 2021 lors de la célébration du centenaire de sa naissance) travaille sur ces questions.

- **Les fondations présidentielles** telles que les fondations Léopold Sédar Senghor (du nom du premier président du Sénégal), Nelson Mandela Foundation, Thabo Mbeki (Afrique du Sud), Ellen Johnson Sirleaf (Libéria), John Kufour (Ghana), Good Luck Jonathan (Nigéria) ou Cyril Ramaphosa (Afrique du Sud)…
- **Les fondations des Premières dames** qui existent dans presque tous les pays, mais dont la plupart disparaissent ou perdent leur éclat dès que leurs fondatrices perdent leur statut de Premières dames.
- **Les réseaux et associations de philanthropies, ou d'appui à la philanthropie** à l'échelle nationale (Ghana, Éthiopie, Kenya, Tanzanie, Afrique du Sud, Ouganda…), sous-régionale (East African Philanthropy Network ; en Afrique de l'Ouest et en Afrique australe, des démarches en vue de la création de réseaux sous-régionaux sont en cours) et continentale : African Philanthropy Forum (qui est un réseau de philanthropes et d'investisseurs sociaux qui cherchent à promouvoir le développement durable en Afrique en mobilisant des ressources, en construisant des partenariats et en faisant la promotion de bonnes pratiques dans le domaine du développement. L'APF regroupe essentiellement les HNWI et les grandes fondations) ; African Philanthropy Network-APN qui

regroupe les fondations communautaires, et panafricaines ; et l'African Venture Philanthropy Alliance (AVPA). WINGS et le Global Fund for Community Foundations (GFCF) sont des réseaux globaux qui ont, eux aussi, une forte présence sur le continent.

- **Les centres et ONG de recherches** : notamment le Centre de recherche sur la philanthropie africaine et les investissements sociaux, CAPSI, qui est basé à la Wits Business School, de l'Université du Witwatersrand à Johannesburg, le Gerhart Center à l'American University in Cairo et EPIC-Africa à Dakar (qui fait l'objet d'un chapitre dans cet ouvrage). Bien qu'étant une institution académique, donc faisant plutôt partie de ce qu'on peut appeler l'écosystème d'appui à la philanthropie (suivant la classification établie par WINGS), CAPSI joue un rôle extrêmement important dans l'espace philanthropique africain par la recherche qu'il mène, par l'enseignement et la formation universitaire (aux niveaux masters et doctorat), et par les actions qu'il entreprend avec d'autres acteurs du monde philanthropique tels que l'organisation de la Conférence sur la philanthropie africaine (APC) en collaboration avec TrustAfrica et cinq autres institutions. Depuis 2022, cette conférence est couplée avec une conférence académique qui réunit des doctorants et d'autres universitaires pour débattre du même thème que celui de la conférence annuelle afin d'approfondir la réflexion et solidifier le fondement scientifique de la conférence sur la philanthropie africaine.

CHAPITRE 5

La philanthropie africaine dite horizontale : Quelle place dans les stratégies de développement du continent ?

Sambou Ndiaye[1]

L'objet de ce chapitre est de réfléchir sur les caractéristiques intrinsèques d'une des pratiques philanthropiques en Afrique, à savoir la philanthropie horizontale, en vue de la mettre en perspective avec les stratégies de développement. L'enjeu d'une telle réflexion est à lier au constat du décalage entre la vision prédominante d'une philanthropie officielle, mais exogène et l'ignorance épistémique dont souffrent diverses pratiques philanthropiques enracinées dans le mode de vie africain et servant de levier à l'inclusion socio-économique des populations. Le chapitre, qui s'inspire d'une revue bibliographique et de constats récurrents nourris d'observations sur divers terrains de recherche, part de la philanthropie officielle avant de chercher à systématiser quelques caractéristiques de la philanthropie horizontale africaine. Enfin, l'analyse du rapport que les stratégies de développement du Sénégal entretiennent avec la philanthropie horizontale permettra de faire ressortir le défi structurel des pouvoirs publics à saisir l'intelligibilité des pratiques endogènes de philanthropie.

La reconnaissance d'une philanthropie officielle, mais exogène

La plupart des écrits évoquent la question de *la philanthropie en Afrique* plutôt que celle relative à *la philanthropie africaine*

---

[1]Sambou Ndiaye est Enseignant chercheur en sociologie à l'Université Gaston Berger de Saint-Louis, Sénégal

et ne font référence qu'à certains pays comme l'Afrique du Sud, l'Égypte, le Nigéria, le Kenya... (Wiepking et Handy, 2015 ; Jung et all, 2016 ; PhiLaB, 2018). Ici, est surtout valorisée l'œuvre des fondations ainsi que celle des ONG à la fois nationales et internationales. C'est que la plupart des réflexions, trahies pour un soubassement occidentalocentrique, ne valorisent que la philanthropie professionnalisée, structurée, voire élitiste, négligeant le fait qu'en Afrique a toujours subsisté une philanthropie diffuse enfouie dans la culture et les pratiques sociales (Fowler et Mati, 2019).

En tant que pratique universelle non liée au niveau de développement d'un pays ou à la richesse des individus, la philanthropie rend compte d'un transfert de biens ou de services à des acteurs individuels ou communautaires dans une visée d'intérêt général sans recherche délibérée de contrepartie ou de lucrativité et qui soit porteur de valeurs. Au-delà des ressorts psychosociaux, religieux, moraux ou économiques, subsiste une portée socio-politique de la philanthropie qui remet en cause la prédominance de l'État à porter seul l'intérêt général et à offrir seul des services de solidarité et de redistribution (Lefèvre, 2015). Une telle dimension recèle en dernier ressort une volonté de changement social, ou en tout cas de promotion de valeurs ou d'une autre vision du monde.

Par ailleurs, le « philantrocapitalisme » (Bishop et Green, 2008) des « philentrepreneurs », prenant ses distances avec les vocables de solidarité, de don, d'empathie ou de compassion, impose une vision basée sur des approches managériales voire économicistes en vue de supporter des processus de changement social ou en tout cas, prévoir un retour socio-politique de l'investissement. Au-delà du risque récurrent de formalisation exogène de pratiques endogènes, la diversité du continent questionne la portée d'un mode unique de philanthropie pour les cinquante-cinq pays africains. Cette philanthropie de réformisme ou de changement social portée par le secteur privé international et les ONG internationales peut se lire à travers des interventions « rationnelles » et professionnelles visant la diffusion de valeurs jugées universelles (Winks, 2023). Fonctionnant souvent sous le prisme du marketing humanitaire au travers d'une approche techniciste et descendante, elle ne garantit pas toujours l'autonomisation socio- économique des cibles malgré les ambitions déclarées. En outre, elle ne cherche ni à s'amarrer aux formes endogènes de solidarité, ni à les renforcer pour constituer un système de protection sociale extensive permettant de couvrir les exclus du système officiel de protection sociale. On note par ailleurs un philanthropisme des hommes politiques installé au cœur de l'appareil d'État. Celui-ci semble répondre plus au paternalisme, voire au clientélisme socio-politique car s'inscrivant dans une stratégie de reproduction du pouvoir en place (Ntwali, 2021).

C'est que les pouvoirs publics, les acteurs de l'écosystème philanthropique officiel (ONG, fondations), mais également certains chercheurs partent d'une définition jugée universelle de la philanthropie au lieu de partir des pratiques (TrustAfrica, 2022). C'est d'ailleurs le constat de l'enracinement des pratiques philanthropiques dans la culture africaine qui a amené Mati (2017) à choisir l'option de partir des sphères de la pratique philanthropique et de ses motivations sous-jacentes en lieu et place d'une définition jugée universelle et pourtant historiquement située. À ce propos, le pluralisme de la philanthropie à l'échelle mondiale invite à une analyse ontologique et historique de la configuration particulière à chaque pays, ce qui permet d'éviter toute attitude comparatiste. C'est cette approche que Fowler (2016) a tentée en partant de l'Afrique précoloniale. Ici, il décrit le don comme un altruisme obligatoire qui sous-tend la parenté biologique et l'appartenance sociale tout en servant à la fois à la cohésion et à la hiérarchie sociales. La colonisation, en tant que phénomène d'exploitation économique, de domination politique et de déculturation a foncièrement perturbé un tel système, avec notamment, l'expansion de la charité chrétienne qui a servi d'instrument colonial avant de s'africaniser plus tard, mais surtout une transformation des pratiques coutumières autour d'une économie de l'affection basée sur le sang, la parenté, les affinités sociales et religieuses… Il s'agissait de réseaux de sociabilité qui servaient de creuset de résistance culturelle et de système de protection sociale avec ses mécanismes d'autofinancement et d'autogestion. Durant l'indépendance, le don a été perverti à cause de trois facteurs : l'aide internationale, la politique de

« construction de la nation » et de gouvernance et enfin, le renforcement des mécanismes communautaires de survie et de résistance. Avec l'époque actuelle marquée par l'échec des modèles de développement, l'extraversion des économies africaines et l'accentuation de la vulnérabilité des populations, le don africain semble évoluer vers une économie de l'affinité. Le nouvel âge de la philanthropie en Afrique reste marqué par les ONG et fondations captives de l'aide internationale ainsi que par l'émergence de mégaphilanthropes africains plus rivés à une logique commerciale et entrepreneuriale (Dangote, Van Niekerk, Allan Gray…).

C'est dire que le philanthropisme officiel en Afrique, à cause de son extranéité, risque donc de ne pas échapper aux risques récurrents d'instrument de reproduction d'une part des inégalités Nord-Sud en tant que mécanisme de soulagement conjoncturel des plus pauvres et d'autre part des injustices épistémiques, dévalorisant ainsi les pratiques et connaissances endogènes. En cela, la philanthropie officielle et le discours qui la caractérise s'intègrent bien dans la colonialité du mode de régulation postcoloniale et de l'aide au développement (Ndiaye, 2021). Les pratiques traditionnelles de philanthropie, la philanthropie communautaire, religieuse, celle de la diaspora entre autres ne sont pas prises en charge par le philanthropisme officiel.

La philanthropie horizontale en Afrique

Notion peu galvaudée en Afrique, sinon au niveau des cercles d'intellectuels, d'ONG ou de fondations, la philanthropie constitue une partie intégrante du mode de vie ancré dans la solidarité africaine (CAPSI et al, 2019 ; Aina et Moyo, 2013). Ayant un substrat religieux, culturel, éthique ou psycho-affectif, la philanthropie horizontale en Afrique regroupe des pratiques qui, loin de rechercher une forme structurée et officialisée, restent diffuses et alimentent le lien social. Mettant en évidence des pratiques séculaires de don et de réciprocité indépendantes du statut socio-économique de l'individu et de la période faste ou difficile, la philanthropie horizontale éclaire sur une démarche d'empathie et de solidarité envers son prochain qui ne s'épuise ni dans une relation verticale des riches envers les plus démunis, ni dans les transferts monétaires, mais traduit surtout l'humanité des personnes et leur volonté de vivre en commun dans la cohésion sociale. Elle semble remettre en cause la philanthropie élitiste, professionnalisée ou encore, contestataire, pour rendre compte d'une pratique diffuse qui s'apparente à une protection sociale extensive différente de l'assistance sociale qui mise plus sur une redistribution verticale. Elle ne recherche ni à se professionnaliser, ni à se structurer, ni à constituer un levier de transformation sociale, mais met en relief des dynamiques endogènes co-construites par les parties prenantes en vue de créer un environnement favorable à la cohésion sociale au regard de référentiels pluriels : la proximité socioterritoriale, le partage de valeurs, le cadre familial. Le souci de changement social ou de réformisme social soutenu par une démarche d'ingénierie sociale n'est pas repérable dans les pratiques de philanthropie horizontale qui s'inscrit plus dans une logique de compassion, de générosité interpersonnelle, tout ceci dans le respect de la dignité humaine (*sutura*). À ce propos, le don de soi, les actions civiques et citoyennes d'un individu pour marquer son sentiment d'appartenance à une communauté socioterritoriale, à travers le bénévolat communautaire ou associatif, devraient être pris en compte. De manière spécifique, elle incorpore, à travers une logique réciprocitaire, des dons d'argent, de biens, de services, de force de travail, d'empathie et de compassion envers l'autre, soit un proche, soit un étranger inconnu. C'est cette logique de réciprocité au fondement de la philanthropie horizontale qui lui permet de prendre ses distances avec la perspective de redistribution qui induit une autorité centrale ainsi que des relations hiérarchiques entre les parties prenantes.

En Afrique du Sud, dans la région du KwaZulu-Natal, la pratique *Ubuntu* renseigne sur la philanthropie horizontale où donner exprime l'humanité de celui qui donne, à travers une forme de générosité et d'altruisme qui consacre l'humanité des parties prenantes « … c'est-à-dire l'attention qu'une personne porte à une autre dans une attitude de gentillesse, de courtoisie, de considération et de respect de l'autre » (Murove, 2011 : 57). Au Sénégal, les repères d'action de la philanthropie horizontale peuvent être relevés, entre autres, à travers les pratiques d'individus riches ou démunis, la solidarité familiale, la solidarité communautaire et de masse, la philanthropie religieuse ou encore, la philanthropie de la diaspora.

La philanthropie d'individus démunis envers d'autres vivant la même fragilité économique ou envers des individus plus nantis, notamment lors d'événements familiaux heureux (mariage, baptême) ou malheureux (décès, chocs), leur confère plus de dignité et de fierté : « Donner provient du cœur, c'est un acte de noblesse. Les plus riches ne sont pas toujours les plus généreux ». Cet adage wolof met en relief le fait que la philanthropie est d'abord une question de valeur personnelle qui transcende la richesse ou la pauvreté. À ce propos, la philanthropie horizontale interindividuelle, qui touche toutes les couches sociales, met en relief des dons en argent, en nature, en temps, en présence, en force de travail, en empathie, en compassion... Ressemblant plus à un don de respect et de solidarité qu'à celui de pitié, la philanthropie d'individus met en relief une logique de « dette infinie » où l'acte de *donner, de recevoir et de rendre* ne finit jamais et transcende même la vie de l'individu. Toutefois, la philanthropie horizontale interindividuelle, dans un contexte de société de plus en plus monétarisée et valorisant les biens marchands, semble rencontrer de plus en plus de défis relatifs à la valeur que chaque partie prenante confère aux biens donnés ou rendus. Des comportements récurrents de prestige, de confrontation et de domination proches d'un don agonistique sont en effet de plus en plus perceptibles (Férrié, 2018).

Quant à la philanthropie communautaire, elle reste repérable, notamment en milieu rural avec la persistance d'activités communautaires ou la mobilisation de ressources communes au profit du bien commun du village (champ du village, construction d'édifices publics tels école, lieux de culte…). La journée hebdomadaire de travail pour le champ communautaire du village (*toolu allarba*) reste une pratique encore présente dans beaucoup de villages. Cette philanthropie communautaire africaine constitue un des premiers leviers de solidarité, de résilience et de protection sociale extensive, ce qui lui permet de mobiliser des contributions volontaires, ce que n'arrive pas toujours à réaliser le système officiel de protection sociale. En définitive, elle traduit l'*empowerment* des communautés à co-

construire un bien commun autour d'une action collective. Il reste à se demander si la philanthropie communautaire ne serait pas un espace favorisant le parasitisme social en entretenant une classe d'individus profitant de la solidarité des autres, réduits en victimes des obligations communautaires en entretenant des *passagers clandestins* (Codjio, 2019). Enfin, la recomposition du *membership communautaire* autour d'un *membership* à tendance sociétaire (Laville et Sainsaulieu, 1997) invite à questionner la portée des dynamiques communautaires de plus en plus instrumentalisées par une plus grande affirmation des intérêts individuels des membres.

Quant à la philanthropie religieuse, elle peut être appréciée à travers les pratiques de diverses religions présentes dans le continent : traditionnelle, chrétienne, musulmane. La dîme, le *sarakh*, le *adiya*, la *zakat,* le *mbouroum kor,* le *waqf* constituent diverses modalités verticales et/ou horizontales de philanthropie, confirmant du même coup la place des motivations. Redevance en nature ou en espèce que le fidèle chrétien verse à l'église pour l'entretien des lieux de cultes, la dîme est également un signe de reconnaissance de Dieu et de solidarité envers ses semblables. Le *adiya* constitue un montant symbolique en numéraire ou en nature volontaire voire quasi-obligatoire que le talibé musulman, qu'il soit pauvre ou riche, offre à son guide confrérique lors de manifestations religieuses et qui est souvent redistribué par le guide aux nécessiteux ou utilisé pour l'amélioration des conditions d'apprentissage, ou pour construire des lieux de culte. Si le *adiya* relève de la philanthropie horizontale, le *sarakh* est lui plus hybride (combinant philanthropie horizontale et verticale) car consistant en un don en argent ou en nature destiné aux nécessiteux, sachant également que le donateur peut être riche ou pauvre. En tant qu'aumônes, le *sarakh* et le *adiya* couvrent à la fois le monde d'ici-bas (don expiatoire voire purificateur, lutter contre le mauvais sort, ouvrir la chance), mais également, l'au-delà en tant source de garantie future pour faciliter l'accès au paradis. Autrement dit, la philanthropie horizontale combine solidarité du présent envers son semblable et source de réinvestissement futur capitalisable après la mort. Quant au *mbouroum kor*, il partage la logique hybride du *sarakh* : il s'agit du versement d'une somme équivalent entre 1000 à 1500

FCFA[1] par membre de la famille aux nécessiteux leur permettant de fêter la fin du ramadan comme tout musulman. C'est pourquoi, il est exigé de la verser avant la fin du ramadan. Quant à la *zakat*, à portée verticale, elle consiste en un prélèvement obligatoire sur l'épargne accumulé annuellement sur les richesses productives (25/1000) et destiné particulièrement aux pauvres et aux nécessiteux. Au-delà de la solidarité, la *zakat* est censée contribuer à la purification des richesses.

Durant la pandémie de COVID-19, la contribution significative de la philanthropie religieuse à travers notamment les guides religieux (musulmans, chrétiens, religions traditionnelles) en sécurisation psychologique des communautés, en denrées alimentaires et dons en espèces, a renforcé la résilience des ménages et des individus devançant de loin la distribution de kits alimentaires fournis par l'État qui, non seulement a accusé un certain retard du fait de contraintes logistiques, mais également a débouché sur ce qui est convenu d'appeler le « coronabusiness » (Ndiaye, 2020). Signalons qu'à côté des religieux, la philanthropie de tous ces bénévoles de santé communautaire à travers le mouvement associatif et les *badienou gokh*[2] a joué un grand rôle dans le respect des mesures barrières. Les populations ont été plus réceptives aux discours des acteurs communautaires et religieux partageant leur vécu ainsi que leurs codes culturels, qu'au discours aseptisé des agents du ministère de la santé.

Même si la complexité de la philanthropie religieuse reste établie du fait qu'elle combine modalité volontaire et obligatoire ou forme verticale et horizontale, d'autres tendances sont aujourd'hui repérables au Sénégal à travers l'émergence d'associations, d'ONG ou de fondations d'inspiration confrérique. C'est le cas de la Cellule Zawiya Tijannya, Touba Ca Kanam, Rendoo de la famille omarienne, la fondation Thierno Ahmadou Barro, le Fonds Medina Baye… Ces dispositifs restent

---

[1] 2,5 à 4 dollars canadiens

[2]Des femmes ancrées socialement dans les quartiers et villages qui jouent un rôle de mère sociale en portant le plaidoyer auprès des populations à la base, en vue de promouvoir un changement de comportements ou faire de l''animation sociale.

particulièrement actifs dans l'utilisation des TIC et organisent régulièrement des souscriptions et des grands événements de mobilisation de fonds destinés à financer la construction et l'équipement de lieux de culte, mais également la réalisation d'activités d'utilité publique : écoles de formation et d'éducation religieuse, infrastructures sanitaires, travaux d'assainissement, appui à l'entrepreneuriat social, appui en denrées alimentaires, formation entrepreneuriale ou socioprofessionnelle des jeunes... La réalisation d'activités socio-économiques au profit de cibles vulnérables permet à de telles structures, dans une logique de complémentarité et/ou de défiance par rapport aux pouvoirs publics, de se positionner non plus comme acteur religieux, mais aussi comme acteur de développement local. Il reste à questionner les dérives communautaristes qui menacent ces dispositifs à base confrérique, à savoir jusqu'où ils se positionnent comme arme de renforcement de la position de la confrérie, ce qui risque d'accentuer la concurrence sourde interconfrérique, ou comme levier de promotion de l'intérêt général.

En tout état de cause, la percée de la philanthropie religieuse a amené l'État sénégalais à consacrer le *waqf*. Instrument de finance islamique, le *waqf* consiste à l'immobilisation d'un bien pour faire largesse de l'usufruit au profit d'une œuvre sociale, d'une catégorie de personnes bien déterminée ou d'une cause spécifique de manière temporaire ou perpétuelle (Daly, 2022). Combinant philanthropie verticale et horizontale, le *waqf* rend compte d'une pratique de donation religieuse sans intermédiaire et anonyme qui remonte à l'empire Ottoman. Ainsi, l'État sénégalais a adopté la loi n° 2015-11 du 06 mai 2015 relative au *waqf* et la création de la Haute Autorité du Waqf par le décret n° 2016-449 du 14 avril 2016 modifié par le décret n° 2020-1803 du 24 septembre 2020. Les résultats d'une étude réalisée en 2019 par la Haute Autorité du Waqf a recensé trois cent quatre-vingt-dix-neuf (399) *waqf* existants au Sénégal évalués à dix-huit milliards (18 000 000 000) FCFA. Malgré ses vicissitudes, le *waqf* sert de moyen de financement de programmes et services sociaux comme les écoles, hôpitaux, logements sociaux, lieux de culte (Barbar et Kepel, 1981).

En tout état de cause, la philanthropie horizontale n'est pas circonscrite à un seul espace en Afrique. Sa logique irrigue diverses dynamiques à l'échelle individuelle, communautaire, religieuse… Souvent peu étudiée, elle mérite d'être analysée et mise en perspective de l'évolution des sociétés africaines. À ce propos, les dynamiques d'évolution de la philanthropie à l'intérieur de chaque pays, à la lumière des changements sociétaux, autorisent à penser que les configurations historiques de la philanthropie peuvent bien offrir un espace de lecture des enjeux sociétaux et des modalités de réponse inventées par les acteurs parties prenantes. Il reste enfin à interroger le degré de reconnaissance de la philanthropie horizontale par les pouvoirs publics.

Rapport des stratégies de développement à la philanthropie horizontale

Un décalage entre normativité officielle et pratiques endogènes

Pour la plupart des pays africains, les indépendances n'ont pas permis une endogénéisation du mode de régulation. Au contraire, les États africains se sont réfugiés dans une posture postcoloniale en lieu et place d'une démarche décoloniale, à travers notamment un alignement institutionnel à l'État colonisateur, une reproduction de l'économie de traite transformée en une économie extractive de rente ou encore, une perpétuation de la politique d'assimilation culturelle (Ndiaye, 2021). Dans un tel contexte, il n'est pas exclu d'assimiler la philanthropie reconnue comme officielle comme espace de lecture de la persistance de la colonialité.

Le cas du Sénégal semble être illustratif de ce qui s'est passé dans la plupart des pays africains. Les premières années d'indépendances au Sénégal (1960-1979) marquées par la présidence de Senghor ont particulièrement porté une telle posture, expliquant d'ailleurs, la situation catastrophique du pays, conduisant ainsi à la mise en œuvre des programmes d'ajustement structurel (PAS) sous le diktat du Fonds monétaire international et de la Banque mondiale. Pourtant, le modèle de développement et de gestion publique prôné par Mamadou Dia

(1960-1962) alors président du Conseil, autour du communautarisme négro-africain articulant politique de coopératives agricoles et animation rurale, avait jeté les bases d'un développement endogène et autocentré. Depuis lors, le Sénégal reste marqué par la reproduction d'un même modèle avec ses différentes variantes valorisant l'alignement de l'État sur l'agenda international, la prédominance des institutions internationales sur les options publiques, l'extraversion de l'économie. Ainsi, d'une économie extractive et de rente (1960-1979), on est passé aux PAS (1980-1999), avant le régime libéral de Abdoulaye Wade (2000-2012) qui cherchait à articuler politique de lutte contre la pauvreté et stratégie de croissance accélérée. Le régime de Macky Sall (2012-2023) semble plutôt confirmer cette politique libérale sociale de gestion de l'enlisement, laissant au secteur privé international la mainmise sur des secteurs à valeur ajoutée.

Les conséquences de cette posture néo voire post coloniale peuvent s'apprécier à travers un mode de régulation extraverti, vulnérable, dépendant et peu résilient qui semble être le dénominateur commun de la plupart des pays africains sous régime d'aide. En tout état de cause, une telle posture ne garantit pas une appréhension équilibrée des dynamiques endogènes par les pouvoirs publics. C'est un tel contexte qui explique le décalage entre le mode de régulation officielle et les pratiques sociales qui, loin de reproduire des comportements traditionnels ou de signifier un *refus du développement*, traduisent divers modes de réinterprétation et d'adaptation aux situations vécues. C'est donc des pratiques philanthropiques recomposées évoluant à la lumière d'un système de contraintes et d'opportunités qui émergent dans l'Afrique actuelle, expliquant par ailleurs leur complexité ainsi que la difficulté des pouvoirs publics à saisir leur intelligibilité.

À ce propos, si le cadre juridique de la philanthropie a connu une certaine avancée dans plusieurs pays africains, beaucoup d'efforts restent à faire. Étudiant les lois affectant les organisations philanthropiques dans la SADC (10 pays de l'Afrique australe), le SICI Institute a défini un indice de facilité pour faire de la philanthropie entre 1 (very difficult) et 5 (*very easy*)[1]. Six critères sont utilisés pour classer les pays étudiés :

1. facilité d'enregistrement ;
2. processus de conformité et procédures ;
3. existence d'incitations pour promouvoir la croissance et le rôle de la philanthropie dans le développement national ;
4. mise en place de procédures en faveur des mouvements de ressources financières à l'intérieur et à l'extérieur des frontières ;
5. régimes fiscaux ;
6. facilité à soutenir les travaux axés sur les droits politiques et civils.

C'est ainsi que le Malawi (*very easy*), l'Afrique du Sud (*difficult*) ou encore le Zimbabwe ou le Mozambique (*very difficult*) sont classés. Toutefois, les différents Rapports Pays aboutissent presque tous au même constat concernant les pays africains : un cadre juridique et institutionnel contraignant et mal maîtrisé par les acteurs avec une insuffisance de lois dédiées et d'incitations financières ainsi qu'une absence de réseau d'organisations et de synergie entre organisations.

Pour le cas du Sénégal, des avancées sont notées avec la loi n° 95-11 du 7 avril 1995 consacrant les fondations d'utilité publique. Cette loi, qui est venue corriger le cadre juridique restreint que présentait le décret 1976-0040 relatif aux associations (inspiré de la loi 1901), permet aux fondations de disposer de subventions, d'exonérations fiscales et de toute autre facilité en tant que dispositif d'utilité publique. L'adoption de la loi n° 2015-11 relative au *waqf* et la création de la Haute Autorité du Waqf (2016) s'inscrivent dans cette volonté de formalisation. Toutefois, le concept de *waqf,* inconnu du langage courant, constitue une formalisation exogène de pratiques endogènes.

Somme toute, le système juridique et législatif de la philanthropie, s'il existe, reste limité à la philanthropie professionnalisée à travers les fondations et les *waqf.* Il reste bâti sur un corpus législatif et langagier encore peu connu du public. La question reste à se demander s'il faudrait laisser les réseaux

[1] www.africanphilanthropy.org

horizontaux de philanthropie s'inventer leur propre système de régulation ou s'il faudrait leur appliquer le même cadre juridique et réglementaire avec tous les risques de perturbation de leur cohérence systémique.

Le décalage entre la normativité officielle et les pratiques endogènes peut se lire également à travers le cas concernant le rapport muet entre diaspora et philanthropie. Le site de l'OCDE estime les transferts de fonds des émigrés sénégalais à 2,5 milliards USD en 2019, soit, une démultiplication de 2,7 depuis 2005, passant ainsi, de 7,1 % à 10,5 % entre 2005 et 2019. Depuis lors, les transferts de la diaspora à leur famille et à la communauté d'appartenance, non seulement restent soutenus et connaissent une augmentation constante malgré le contexte de COVID-19, mais également, dépassent l'aide publique au développement et les investissements directs étrangers.

C'est ce que confirme le secrétaire exécutif de l'Observatoire sénégalais de la Qualité des Services financiers qui estime que les migrants sénégalais ont transféré 1 600 milliards de Francs CFA à leurs proches en 2021, soit une hausse de 5 % et ceci, malgré la situation de pandémie liée au COVID-19. Signalons que les transferts migratoires servent à la fois de financement des moyens de subsistance des familles ou d'activités économiques des familles (agriculture, activités de services) et de financement d'infrastructures sociales de base au profit de beaucoup de territoires (dispensaires, salles de classe, forage, lieux de culte…). Si les transferts sont bien encadrés, ils pourraient constituer une source complémentaire des autres types de financements pour le système de protection sociale extensive, la lutte contre les vulnérabilités familiales ou encore, le développement des territoires.

Malheureusement, jusqu'à présent l'État sénégalais semble accorder plus d'importance aux fondations, à l'aide publique au développement et aux investissements directs étrangers, toutes choses par ailleurs liées aux financements extérieurs, qu'à ces sources de financement endogènes qui ne demandent qu'un cadre stratégique institutionnel et financier propice pour réduire la dépendance du pays. On ne manquera pas de souligner ici la philanthropie verticale d'« enfants du pays », habituellement des sportifs de haut niveau établis à l'étranger (football et basket) qui se sont illustrés à travers des activités significatives de développement de leurs communautés d'appartenance, mais qui rencontrent d'énormes difficultés pour assurer la sécurisation et la viabilisation de leurs investissements sociaux.

C'est dire qu'à l'intérieur des pays africains subsistent diverses opportunités de mobilisation de ressources permettant d'alimenter le financement de la philanthropie et du développement. En effet, une structuration appropriée de la philanthropie combinant celle verticale et celle horizontale pourrait alimenter un fonds de financement qui échapperait à la dépendance du financement étranger. La marginalisation de ces dynamiques endogènes au profit d'une vision rivée sur le financement étranger ou capitaliste traduit une vision extravertie du financement et, plus généralement, du développement calquée sur des modèles extravertis. À ce propos, c'est bien l'extranéité des modèles de philanthropie qui constitue le défi structurel lorsque l'on veut construire des dynamiques viables et durables en Afrique. La dissonance cognitive, voire épistémique, entre discursivité institutionnelle et références symboliques endogènes peut ainsi se lire dans le décalage entre normativité de la philanthropie officielle et pratiques sociales de la philanthropie endogène. En fin de compte, la persistance de la philanthropie horizontale reste expressive d'une autre Afrique basée sur l'endogénéité qui ne recherche néanmoins ni à s'opposer, ni à dépasser, mais plutôt, à compléter l'action publique. C'est en cela que sa compréhension par les pouvoirs publics pourrait offrir une opportunité de reconstruire les bases d'un nouveau contrat social sénégalais.

Le potentiel de la philanthropie horizontale inhibé par certains questionnements

Malgré son potentiel pluriel, la philanthropie horizontale reste sujette à un certain questionnement. Dans le contexte d'une Afrique en transition marquée par la superposition de plusieurs registres culturels (tradition, modernisation, postmodernité) débouchant sur des dynamiques hybrides et complexes, qu'accentuent l'extranéité et la vulnérabilité du mode de régulation ainsi que le maillage de la mondialisation néolibérale, la philanthropie horizontale semble être foncièrement perturbée dans sa cohérence systémique. C'est ce qui explique les tendances contradictoires et les effets pervers qui la caractérisent de plus en plus. Ainsi, à côté des pratiques anonymes et discrètes de philanthropie fortement valorisées par la religion et par les coutumes se développent de plus en plus des formes ostentatoires dans une société de plus en plus monétarisée et de plus en plus individualiste. Même dans le cadre de la philanthropie religieuse, une certaine théâtralité est notée avec les sommes faramineuses offertes par certains membres de la confrérie en direct à la télévision devant une assistance médusée. De même, le don peut déboucher sur une institutionnalité verticale à travers un repositionnement du donateur reproduisant des inégalités de ressources et de pouvoir (Fowler et Mati, 2019). C'est dire que la philanthropie horizontale ne réduit pas les enjeux de pouvoir et n'exclut pas la recherche de richesses ou de prestige. Le don de rivalité, de défi, voire de défiance, l'instrumentalisation de la relation de réciprocité comme source de garantie future atteste d'une volonté des parties prenantes de ne pas sortir perdantes de la relation. De telles pratiques ont été accentuées sous l'effet de la monétarisation des relations sociales et d'une montée en puissance de l'Afrique des individus (Marie, 2008), avec notamment des actes d'affirmation de soi, de domination, voire d'humiliation de l'autre (don agonistique).

L'on ne saurait également occulter le piège du communautarisme concurrentiel dans le cadre de la philanthropie confrérique ou encore celui du solidarisme populiste qui, à travers des évocations idylliques, ne décrit ni les contradictions inhérentes à la solidarité envahissante en Afrique, ni les rapports d'inégalités et de subordination qui lui sont liés (Vidal, 1994 ; Mahieu, 1990). À ce propos, la philanthropie africaine horizontale a bien entretenu un certain parasitisme social et semble s'inscrire plus dans une logique de consommation que de capitalisation de ressources pouvant autonomiser les bénéficiaires. C'est pourquoi, elle donne lieu souvent à une dispersion des ressources et participe de l'élargissement de la pauvreté car sa dimension obligatoire risque à la longue de fragiliser la situation socio-économique du principal pourvoyeur. Dans un tel contexte, les externalités positives de la philanthropie horizontale risquent de se transformer en source de distorsions, réduisant fortement la portée de cette forme endogène de philanthropie qui a du mal à s'appuyer sur un cadre stratégique, juridique et financier propice pour proposer sa propre vision de la philanthropie dans un contexte de maillage néolibéral.

Conclusion : vers une complémentarité

La précarité n'interdit pas le déploiement de pratiques philanthropiques, tout comme la richesse ne conduit pas forcément à accentuer les actes de partage et de générosité envers son prochain. Le cas africain laisse entrevoir un pluralisme philanthropique avec, à côté de la philanthropie officielle marquée par les fondations, les ONG, les riches entrepreneurs ou hommes politiques, diverses pratiques sociales de philanthropie portées par diverses catégories d'acteurs ancrés socialement laissant entrevoir une forme endogène de don qui a subi les dynamiques historiques (colonisation, islamisation, indépendance, mondialisation néolibérale, vulnérabilité et extraversion du mode de régulation postcoloniale). Le pluralisme philanthropique invite à une meilleure reconnaissance des autres façons de faire de la philanthropie, mais également incite à une décolonialité de la culture philanthropique en Afrique. Sous ce rapport, les pratiques philanthropiques semblent valoriser une approche en termes d'économie plurielle permettant ainsi d'appréhender les dimensions marchandes, non marchandes et non monétaires de la philanthropie, ce qui interpelle la communauté des chercheurs.

La philanthropie horizontale, non seulement constitue un vecteur de tissage de liens réciprocitaires entre individus et groupes sociaux, compte non tenu de leur situation socio-économique, mais également, se positionne comme une fabrique du bien commun, un levier de structuration de la solidarité locale, de démocratisation de l'accès aux services sociaux de base, d'inclusion socio- économique et de protection sociale extensive. En outre, elle offre diverses opportunités d'endogénéisation et de financement de la philanthropie. Sa valorisation appelle l'abandon de l'ignorance épistémique dont elle fait l'objet et la co-construction d'un cadre stratégique, institutionnel et financier propice garantissant sa reconnaissance et son expansion.

Références bibliographiques

Aina, A., et B. Moyo. (2013). *Giving to help, helping to give. The context and politic African philanthropy.* Amalion, 464p

Barbar, K. T. et Kepel, G. (1981). *Les Waqfs dans l'Egypte contemporaine*, CEDEJ, 102p

Bishop, M. et Green, M. (2008). *Philanthro-Capitalism: How Giving Can Change the World*, Bloomsbury Press, New York

CAPSI (2019). *The state of African philanthropy. Setting of agenda,* 25p

Chakamera, C. (2022). *Investigating Philanthropic Undertakings by Indigenous Philanthropic Organisations in Selected African Countries*, Rapport n° RR5, Centre sur la philanthropie et l'investissement social en Afrique.

Codjio, Ch., 2019. *L'envers du décor. Ce qu'est le don en Afrique.* Edition Edilivre, 228p

Férrié, Ch. (2018). "L"agonistique sociale du don/ contre don », *Revue du Mauss* 2018/ 2, N°52, Editions la découvertie, pp.57- 73.

Fowler, A. (2016). *Concepts and Framework for Teaching, Research and Outreach of African Philanthropy*, Chair in African Philanthropy, Wits University et Southern Africa Trust, 55p.

Jung, T., Phillips, S. D. et Harrow, J. (2016). *The Routledge Companion to Philanthropy.* London, England, Taylor and Francis

Laville, J-L., et Sainsaulieu, R. (1997). *Sociologie de l'association. Des organisations à l'épreuve du changement social. Desclée de Brouwer, Sociologie économique, 403p.*

Lefèvre, S., (2015). « Pour une approche sociopolitique de la philanthropie financière : plaidoyer pour un programme de recherche ». *Politique et Sociétés, 34*(2), pp.61–85.

Mahieu, Fr, R. (1990). *Les fondements de la crise économique en Afrique. Entre pression communautaire et le marché international.* Paris, l'Harmattan, 197 p

Marwa El Daly (2022). A*l Waqf: Philanthropy, Endowments and Sustainable Social Development in Egypt,* Walter de Gruyte, 315p

Mati, J. M., (2017). « Philanthropy in Contemporary Africa: A Review", In *Brill Research Perspectives in Humanities and social sciences*, Vol 6, 112p

Murove, M. F. (2011). *L'Ubuntu*, in Diogène 2011/3-4 (n°235- 236), PUF, pp.44- 59.

Ndiaye, S., (2020). « Action publique, comportements et philanthropie en contexte de coronavirus : quelques réflexions à partir du Sénégal » In *L'année Philantropique* Hors-Série, Mai 2020, Réseau canadien de recherche partenariale sur la philanthropie (PhiLab)

Ndiaye, S., (2021). « Décolonialité des savoirs endogènes africains et pluriversalisme », *Les Cahiers de l'ACAREF*, Tome 1, Novembre 2021, K. G. Agbefle et Ch. Tremblay (éd), Togo, pp.295- 308

Ntwali, V. (2021). « Gouvernance philanthropique et conservation du pouvoir en Afrique : une clé pour comprendre le néo-paternalisme politique en RDC », Dans Joël Baraka et Trésor Makunya (dir), *L'État africain et la crise postcoloniale. Repenser 60 ans d'alternance institutionnelle et idéologique sans alternative socioéconomique*, Paris, L'harmattan, pp. 185-207.

PhiLab (2018). *La philanthropie en Afrique : cas de l'Égypte, du Kenya, de l'Afrique du Sud, du Mozambique et du Ghana*, Cahier de recherche n°20, 19 p.

TrustAfrica (2022). *Renforcement de l'écosystème de soutien à la philanthropie africaine.* Dakar, 28-29 septembre 2022

Verdon, L. (2010). « Échange, réciprocité. Des usages d'un paradigme juridique et anthropologique pour comprendre le lien social médiéval », In *Le don et le contre-don : usages et ambiguités d'un paradigme anthropologique aux époques médiévale et moderne,* Faggion, L et L. Verdon, Presses universitaires de Province, 174 p, pp. 9-22.

Vidal, Cl. (1994). « La « solidarité africaine » : un mythe à revisiter », In *Cahiers d'études africaines*, vol. 34, n°136, 1994. pp. 687- 691.

Wiepking, P., et F. Handy, (2015). *The Palgrave Handbook of Global Philantropy*. London, Palgrave Macmilan.
WINGS (2023). *The Philanthropy transformation initiative report. Enabling change, walking the tank and creating the future,* 90 p.

CHAPITRE 6

La philanthropie de la diaspora africaine : Comment en faire un véritable moteur de développement ?

Odwa Atari et Manuel Litalien[1]

Dans les années 1960, de nombreux pays africains nouvellement indépendants, tels que le Mali, la Mauritanie et le Sénégal, connaissaient un taux de chômage élevé, ce qui a poussé de nombreuses personnes à chercher du travail dans le pays de leur ancien colonisateur, la France. Cette transition vers ce « pays d'accueil » était considérée comme positive, car elle se traduisait par une diminution des tensions sur le terrain et un encouragement de la cohésion sociale entre les migrants et leurs pays d'accueil.

Cependant, dans les années 1970, une dynamique différente appelée « fuite des cerveaux » s'est produite - de nombreux Africains qualifiés ont fui leurs régimes autoritaires (Assogba, 2002). En outre, les récessions économiques provoquées par les programmes d'ajustement structurel imposés par la Banque mondiale et le Fonds monétaire international au début des années 1980 ont entraîné la perte de nombreux talents en Afrique (Assogba, 2002). Les années 1980 à 2000 ont vu l'apparition d'une nouvelle catégorie de migrants résultant de catastrophes naturelles telles que la sécheresse, la famine, la désertification et les conflits anthropogéniques, notamment les guerres ethniques et civiles, au cours desquelles de nombreux Africains ont été volontairement ou involontairement contraints d'émigrer vers les

[1] Manuel Litalien est Professeur associé, Département du bien-être social et du développement social à l'Université Nipissing, Canada
Odwa Atari est Professeur associé au Département de géographie et géologie à l'Université Nipissing, Canada

pays voisins ou rapatriés en tant que réfugiés dans des pays tels que le Canada.

En raison des dures expériences vécues par les Africains relocalisés dans leurs nouveaux « foyers », ils ont été perçus comme des acteurs non philanthropiques et incapables de contribuer aux efforts de développement dans leurs pays d'origine. En outre, contrairement aux diasporas juive et asiatique, les diasporas africaines ne disposent d'aucune structure ou organisation confédérale, comme le Congrès juif mondial ou le World Chinese Entrepreneurs Convention, qui pourrait coordonner et faciliter les activités philanthropiques africaines existantes, à l'intérieur et entre elles.

Par conséquent, la question de savoir si les diasporas africaines, avec leurs expériences et leur histoire, sont prêtes à devenir de véritables moteurs du développement sur le continent reste ouverte. Pour tenter de répondre en partie à cette question, ce chapitre examinera le lien entre la philanthropie de la diaspora africaine et le développement, en utilisant une perspective critique (forces, faiblesses, opportunités et menaces) et conclura par quelques recommandations.

Philanthropie de la diaspora africaine

La philanthropie de la diaspora africaine est définie au sens large comme un acte de bonté de la part de toute personne de la diaspora ou non désireuse d'aider bénévolement la cause du peuple africain, où qu'il se trouve dans le monde (Copeland-Carson 2005). Cette définition a le mérite de refléter les nombreuses manifestations et pratiques de la philanthropie contemporaine de la diaspora africaine adaptée à son environnement. Elle s'écarte de la perspective philanthropique occidentale plus conventionnelle, industrielle, descendante et « verticale » (Wilkinson-Maposa 2016). En effet, la philanthropie de la diaspora africaine est un phénomène horizontal dans lequel les petits et les grands donateurs sont des acteurs tout aussi importants dans le processus de don à leur patrie actuelle ou adoptive, d'où ils sont originaires, où ils ont vécu.

La diaspora africaine est brièvement définie comme l'ensemble des personnes d'origine africaine qui ont migré en dehors de leur pays d'origine (Palmer 2018 ; Copeland-Carson 2005). La philanthropie de la diaspora pourrait dépasser les limites territoriales en transférant des ressources, notamment de l'argent, des biens, du travail bénévole, des connaissances et des compétences, ainsi que d'autres actifs donnés pour le bénéfice social d'une communauté plus large que les membres de la famille, dans un pays ou une région où il existe une population avec laquelle le(s) donateur(s) a(ont) des liens ancestraux (Espinosa, 2016 ; Flanigan, 2017). L'objectif est volontairement élargi au-delà des lieux géographiques où les donateurs ont des racines ancestrales, à d'autres lieux accueillant des populations avec lesquelles le(s) donateur(s) partage(nt) ou ne partage(nt) pas de liens ancestraux. Par exemple, les Somaliens et leurs amis au Canada apportent une aide financière ou envoient des fonds aux réfugiés somaliens au Kenya, ou les Indiens qui sont venus au Canada en tant que réfugiés de l'Ouganda fournissent des services de santé aux habitants des zones rurales de l'Ouganda avec lesquels ils n'ont pas de liens ancestraux, mais qui ont une « patrie » commune.

La philanthropie de la diaspora est donc une reformulation d'anciens concepts pour relever les défis du sous-développement et de la pauvreté à l'ère mondiale de la migration. La philanthropie de la diaspora africaine peut donc être un véritable moteur de développement de différentes manières, notamment par le transfert de connaissances et d'expertise, les envois de fonds, les échanges sociaux, culturels et religieux et la participation aux affaires politiques de leur « patrie ».

Pendant longtemps, le phénomène de l'immigration ou de la diaspora a été généralement négligé dans le processus de développement (De Haas, 2006). Les migrants étaient considérés comme un fardeau pour leurs pays d'accueil plutôt que comme des moteurs de la réduction de la pauvreté (Sutherland, 2013). Cependant, de nombreux pays africains ne peuvent plus ignorer les contributions potentielles de leurs diasporas en termes de capital intellectuel, financier, social, culturel et politique, ni la manière dont elles créent des liens durables avec le pays d'accueil de la diaspora.

Contribution au développement de l'Afrique : une évaluation critique

Au cours des dernières décennies, la philanthropie de la diaspora a suscité un intérêt local, régional et international en raison de sa contribution potentielle au développement. L'intérêt croissant pour le lien entre la migration ou la diaspora et le développement a fait l'objet d'une attention considérable de la part des organismes humanitaires et de gouvernance internationale, tels que le Pacte mondial sur les migrations et le Programme des Nations Unies pour les objectifs de développement durable à l'horizon 2030, ainsi que de l'Union africaine qui cherche à tirer parti des possibilités offertes aux migrants dans les programmes de développement et leur mise en œuvre, et à les reconnaître (Ramachandran et Crush, 2020). Notamment, l'Union africaine (UA) a fait de la diaspora africaine la « sixième région » de l'Afrique en plus de ses cinq régions (Sud, Nord, Est, Ouest, Centre), tout en reconnaissant l'importance des diasporas présentes en Afrique même et à l'étranger. Cette désignation vise stratégiquement à mobiliser la diaspora africaine pour son impact positif sur le développement du continent ainsi que pour ses implications politiques, économiques, sociales et culturelles (Crush, Chikanda et Pendleton, 2013).

La croissance de la philanthropie de la diaspora s'est accompagnée de l'émergence de voix indigènes réclamant un rôle plus important dans la manière dont la philanthropie est planifiée et gérée. Dans son livre *Dead Aid,* Dambisa Moyo attire l'attention sur les appels existants en faveur d'une plus grande voix africaine dans la fourniture de services et d'aide au continent africain (Moyo, 2009). Cependant, son point de vue sur ce qui fonctionne et ce qui ne fonctionne pas pour le développement en Afrique a été critiqué (Farrar et Giroux, 2009). Moyo affirme que l'aide étrangère favorise la corruption, la dépendance et la mauvaise gouvernance, limitant les possibilités d'entreprendre et privant les citoyens africains de leurs droits.

La philanthropie de la diaspora joue également un rôle important en ce qui concerne les liens que les gens établissent par le biais de dons privés. Les causes caritatives permettent aux gens d'établir des relations interpersonnelles d'une manière que les gouvernements ne peuvent pas faire. C'est peut-être l'une des principales raisons de l'augmentation spectaculaire des dons en faveur des pays en développement. À bien des égards, la philanthropie privée est un marché de capitaux non rationnel dans lequel les gens prennent des décisions avec leur cœur plutôt qu'avec leur tête ; c'est l'une de ses forces, mais aussi un défi potentiel. Les organisations de la société civile cherchent à développer de nouvelles sources de soutien, et les populations de la diaspora sont considérées comme un public important et une ressource potentielle (Johnson, 2007). Cependant, l'interaction implique la combinaison du désir des migrants de donner et de l'utilisation par le gouvernement de ces sentiments d'appartenance pour fournir un soutien à une économie faible (Espinosa, 2016).

Pour faire de la philanthropie de la diaspora africaine un véritable moteur de développement, nous devons analyser ses forces, essayer de réduire ses faiblesses, capitaliser sur ses opportunités tout en essayant de réduire les menaces potentielles, internes ou externes, qui pèsent sur l'aide aux pays du continent.

Points forts et opportunités

Il existe de nombreuses raisons pour lesquelles les diasporas sont perçues comme des alliés clés du développement dans leur pays d'origine, contrairement aux investisseurs étrangers. La première raison est le pouvoir du capital financier de la diaspora en général, et de la diaspora africaine en particulier. Selon l'Organisation internationale pour les migrations (OIM), le nombre de migrants internationaux a augmenté de 3,6 % en 2020, ce qui signifie qu'environ 281 millions de personnes vivent en dehors de leur pays d'origine (OIM, 2021). Bien que difficiles à calculer en raison du transfert d'argent par des canaux informels, par exemple, le système *hawala*, les transferts de fonds internationaux ont été estimés à 702 milliards USD en 2020, une baisse causée par l'épidémie de COVID-19. Cependant, les envois de fonds de la diaspora africaine sont généralement en hausse (Ratha, 2020).

Dans certains cas, les transferts des migrants représentent plus de 70 % du PIB du pays, comme en Somalie. En outre, ils sont reconnus comme étant plus stables que les flux de capitaux, y compris les investissements directs étrangers (IDE), qui se concentrent sur quelques marchés émergents. Les transferts de fonds par les diasporas africaines constituent, dans l'ensemble, une meilleure redistribution des richesses que les aides étrangères et les investissements directs étrangers. Ainsi, la philanthropie de la diaspora est de plus en plus utilisée et considérée comme un atout majeur et un domaine d'investissement important pour le développement des pays d'origine (Newland, Terrazas et Munster, 2010).

Le *capital financier* de la diaspora peut prendre différentes formes, notamment les envois de fonds familiaux, les envois de fonds collectifs, les investissements et/ou la possession d'une maison ou d'un bien immobilier dans le pays d'origine. Les contributions financières de la diaspora africaine à leur pays d'origine dépassent aujourd'hui, dans certains cas, la somme donnée par les pays d'accueil sous forme d'aide étrangère (Assogba, 2002). Les envois de fonds vers l'Afrique représentaient 86 milliards USD en 2018 et sont supérieurs à l'aide publique au développement, aux investissements directs étrangers ou aux investissements de portefeuille étrangers sur le continent (Union africaine, 2019), contre seulement 37 milliards USD d'aide étrangère à l'ensemble de l'Afrique en 2019 selon la Banque mondiale. En 2019, l'Union africaine a estimé de manière prudente que les diasporas africaines disposaient de 33 milliards USD d'épargne annuelle (Union africaine, 2019) et ce chiffre est en augmentation.

Comme indiqué précédemment, cette forme de philanthropie est toutefois différente de la philanthropie antérieure des migrants, car la philanthropie de la diaspora en faveur des pays en développement dépasse désormais l'aide étrangère apportée par les gouvernements et les organisations internationales (Brinkerhoff, 2014 ; Newland, Terrazas et Munster, 2010 ; Espinosa, 2016). Cette tendance est en partie le reflet et la reconnaissance de l'importance et de la force des migrants, des différents acteurs non gouvernementaux, des secteurs privés et d'autres philanthropies dans la politique de développement

(Newland, Terrazas et Munster, 2010 ; Little, 2009). Cette forme de don assume de plus en plus les responsabilités des organisations de la société civile (OSC) dans le pays d'origine (Little, 2009) et génère un changement par rapport à la forte dépendance à l'aide internationale et étrangère (Low, 2017 ; Sidel, 2008). Ainsi, la philanthropie de la diaspora n'est pas simplement un « transfert de fonds », mais un processus imprégné de beaucoup d'espoir de développement, de partage des richesses, de fourniture de services pour explorer les questions politiques, de justice sociale et d'activités de plaidoyer (Low, 2017 ; Sidel, 2008 ; Espinosa, 2016).

La deuxième raison est le *capital relationnel* de cette philanthropie. Les diasporas africaines conservent des liens affectifs avec leurs pays d'origine ; elles bénéficient d'une connaissance locale privilégiée, ce qui n'est pas toujours le cas des donateurs étrangers, pour qui la dévaluation de la monnaie, plutôt que d'être perçue comme une perte d'investissements, peut ouvrir des opportunités en raison de l'engagement à long terme des diasporas envers leurs communautés régionales (Plaza et Ratha, 2011). L'une des principales forces des groupes de la diaspora africaine a été de redonner à leurs communautés d'origine bien avant la création de nombreuses organisations internationales de développement (OID) qui existent aujourd'hui (Ionescu, 2006). Les communautés de la diaspora africaine ont de solides traditions de don et de partage avec ceux qui sont dans le besoin (Ademolu, 2018). Beaucoup croient en la philosophie de l'*ubuntu* - « Je suis parce que tu es » - qui signifie que si le sort d'une personne s'améliore, la vie de la communauté peut également s'améliorer, mais que si une personne de la communauté souffre, la communauté ne peut pas être entière. D'autres peuvent utiliser *harambee* - travailler ensemble -, pour ne citer que quelques exemples. En adoptant ces philosophies, de nombreux groupes de la diaspora africaine se sentent profondément responsables de leurs communautés d'origine (Flores et Malik, 2015) et cherchent activement des moyens de rendre la pareille (Mekonnen et Lohnert, 2018 ; Ademolu, 2018). En ce qui concerne les partenariats, les organisations de développement de la diaspora (ODD) sont les organisations auxquelles les groupes de la diaspora font le plus confiance pour le travail de développement (Flores et Malik, 2015 ; Newland et Patrick, 2004).

Par conséquent, les diasporas sont généralement prêtes à prendre des risques que les étrangers ne prennent pas, en partie en raison de leur attachement à leur pays et à leur région, ce qui se traduit par un soutien régulier sur le terrain, même en temps de crise (COVID-19). Ici, ce sont notamment les femmes et les organisations religieuses de la diaspora qui sont des donateurs actifs et constants, plutôt que des donateurs occasionnels ou dispersés comme les organisations internationales (Fuentes-Mayorga, 2023 ; Khan, Gabralla et Ebrahim, 2015). En outre, en raison de leur double nationalité, les diasporas africaines sont susceptibles d'éviter les contraintes commerciales auxquelles les étrangers sont confrontés.

Dans de nombreux domaines, les diasporas africaines et leurs associations sont connues pour être des « agents de développement » essentiels. En particulier, elles fournissent un flux et une réserve de devises étrangères à leur pays d'origine, renforçant ainsi la capacité de ce dernier à rembourser sa dette extérieure et à améliorer le statut et la compétitivité de leur pays sur le marché mondial (Ketkar et Ratha, 2010 ; Favreau et Salam Fall, 2007 ; Union africaine, 2019). Les fonds des diasporas sont également connus pour être dirigés vers des localités spécifiques oubliées ou inconnues des organisations internationales d'aide à l'étranger. Les transferts de fonds sont également utilisés pour répondre plus efficacement aux besoins de base. Les envois de fonds des diasporas africaines ont permis de réduire la pauvreté et l'impact des crises passées et actuelles (Khan, Gabralla et Ebrahim, 2015 ; Hack-Polay, Siwale et Bal, 2018). En effet, les transferts de fonds et leur présence sur le terrain ont agi comme une protection sociale ou des unités de bien-être social dans les États faibles ou défaillants du continent (Vintila et Lafleur, 2020 ; Smith, 2020).

Dans certains cas, elles ont été le moteur de l'économie. Dans certains cas, par exemple, les diasporas investissent dans l'immobilier, stimulent les économies régionales et réduisent le taux de chômage national (Asquith et Opoku-Owusu, 2021 ; Favreau et Salam Fall, 2007). Les tendances en matière d'investissement trouvent un écho auprès de nombreux gouvernements africains qui encouragent les investissements et le retour des migrants sur le continent à court et/ou à long terme (Union africaine, 2019).

Deux tendances ont été signalées, et sur deux fronts différents : individuel et collectif, ainsi que social et économique (Favreau et Salam Fall, 2007). La tendance collective est reconnue pour avoir un impact plus large et à long terme sur la communauté. C'est ce que l'on appelle le « véritable » développement durable en Afrique ou un remodelage des relations Nord/Sud qui profite aux populations du Sud plutôt qu'à celles du Nord. Les migrants qui ont réussi et les institutions de solidarité internationale du Sud ont également joué un rôle important dans leurs propres communautés, redéfinissant des relations Sud-Sud bénéfiques pour toutes les parties concernées (Fiddian-Qasmiyeh et Daley,2019). Cette dynamique de développement ne se fait pas au détriment du pays d'accueil, contrairement à certaines croyances. Les associations diasporiques ont généralement peu accès aux financements publics, car elles dépendent principalement de donateurs individuels issus de leurs propres communautés (Trans et Vammen, 2011), ce qui va à l'encontre des idées reçues selon lesquelles les diasporas drainent les ressources de leur pays d'accueil.

En France, les associations diasporiques opèrent désormais progressivement en tant qu'ONG et sont connues pour être impliquées dans le développement sur au moins trois fronts : les interventions d'urgence, les initiatives préventives et les engagements de développement à long terme. Les projets de développement social à long terme sont liés à l'éducation, à la santé et à la culture (Trans et Vammen, 2011). L'éducation est particulièrement importante, car la diaspora s'engage dans la décolonisation des programmes en renforçant les connaissances traditionnelles locales, les langues locales et en luttant contre les modèles d'assimilation des systèmes d'enseignement antérieurs (Figueroa-Vásquez, 2020). La diaspora est également présente dans les projets économiques axés sur l'entrepreneuriat (agriculture, banques de céréales, activités artisanales, etc.) (Union africaine, 2019). Ces secteurs d'interventions sont loin d'être exhaustifs, car avec les innovations apparaissent de nouvelles opportunités et des besoins qui évoluent. Par exemple, la construction de mosquées au Mali financée par des associations françaises de la diaspora a permis de légitimer davantage sur le terrain ces associations en tant que véritables acteurs sociaux, économiques et politiques. Cela a augmenté leur capital social dans le pays, ouvert de nouveaux partenariats et promu l'idée que les diasporas sont en effet des acteurs clés du développement, puisqu'elles peuvent investir dans des infrastructures matérielles et immatérielles.

Une autre conséquence est que, fondées par la diaspora et dirigées par elle, les organisations de développement de la diaspora (ODD) offrent aux communautés de la diaspora un catalogue d'opportunités d'engagement. Plus précisément, elles organisent des ateliers, des séminaires, des collectes de fonds et des expositions pour leurs communautés. Elles accueillent des forums qui abordent les questions qui préoccupent le groupe et offrent des moyens de répondre à ces préoccupations. Enfin, elles offrent également à la communauté la possibilité d'entrer en contact les uns avec les autres et avec des groupes d'intérêt tels que les fonctionnaires, les donateurs et les agences de développement (Newland et Patrick, 2004). La principale raison pour laquelle de nombreux groupes de diasporas les considèrent comme des organisations de choix pour le travail de développement est qu'elles sont perçues comme étant mieux informées du travail sur le terrain, plus proches des personnes qui contribuent (les donateurs de la diaspora) et des personnes sur le terrain, que les organisations internationales de développement et les fournisseurs d'aide étrangère.

Faiblesses et menaces

Le défi de la pauvreté, de l'analphabétisme, du développement et du chômage, ainsi que les affres de la démocratie, continuent de hanter de nombreux pays d'Afrique (Arogbofa 2022). Malgré l'importance de la population de la diaspora et les transferts de fonds qu'elle effectue chaque année, il ne semble pas y avoir de moyens communs d'exploiter ses compétences et ses ressources pour le développement des pays. Cela est probablement dû au manque d'infrastructures.

Actuellement, de nombreux pays du continent ne disposent pas d'installations suffisantes pour faciliter l'initiative des capitaux de la diaspora mentionnée ci-dessus. D'autre part, la « bonne volonté » peut être ouverte à la cooptation et renforcer le pouvoir de ceux qui peuvent tirer profit de la migration et de la philanthropie (Espinosa, 2016). Par conséquent, certaines organisations internationales non gouvernementales (OID ou OING) sont considérées avec une certaine méfiance par les groupes de la diaspora (Flores et Malik, 2015).

L'aide étrangère est souvent perçue comme une nouvelle forme de colonisation par les communautés locales ou comme un nouveau moyen de faire des affaires et de maintenir en place des groupes politiques corrompus. Par conséquent, de nombreuses diasporas choisissent de ne pas s'associer à des OING parce qu'elles ne connaissent pas l'organisation partenaire dans leur pays d'origine ou ne lui font pas confiance (Newland, Terrazas et Munster, 2010) et/ou parce qu'elles ne voient pas l'utilité de l'intermédiaire (les organisations caritatives) et préfèrent travailler directement avec les personnes qui ont besoin d'aide (Mekonnen et Lohnert, 2018). Cela pourrait également être dû en partie à la manière dont les Africains, l'Afrique et la négritude sont représentés dans les publications et les communications produites par les OING. Les communautés de la diaspora peuvent hésiter à s'associer à des OING pour des activités de développement, en partie à cause de la simplification excessive des causes et des solutions à la pauvreté, renforcée par certaines communications d'OING. D'autres approches utilisées par les OING et considérées comme offensantes par certaines communautés sont la façon dont leurs messages présentent l'Occident comme a) « l'apogée du progrès humain, de la civilisation et du développement », et les sociétés non occidentales comme étant « en deçà de ces idéaux », et b) les implications selon lesquelles un changement positif ne peut se produire qu'avec l'aide extérieure des Occidentaux (Ademolu, 2018).

En outre, il y a un manque de coordination, en particulier en ce qui concerne les dons et leurs actions philanthropiques (Assogba, 2002). Cela est dû en partie au manque d'unité entre les diasporas africaines qui ont hérité des frontières nationales et ethniques créées par les expériences coloniales - par exemple les anglophones contre les pays francophones et vice versa, et au manque de cadres judiciaires et politiques qui peuvent faciliter les activités philanthropiques unifiées de la diaspora africaine dans les différents pays et régions et sur le continent. Par conséquent, en l'absence d'institutions panafricaines, il est difficile de capitaliser sur les diasporas scientifiques et technologiques africaines, comme celles que l'on trouve en Amérique latine et dans les Caraïbes (Echeverría-King *et al.*, 2022). Bien qu'il existe des institutions telles que le réseau sud-africain de compétences à l'étranger (SANSA), leur efficacité reste à démontrer. Dans certains cas, ces organisations existantes ont divisé les communautés de la diaspora, ce qui rappelle les défis que pose l'unification des diasporas scientifiques et technologiques africaines (Crush, Chikanda et Pendleton, 2013 ; Brown, 2013).

Bien que de nombreuses communautés de la diaspora africaine aient de solides traditions de don et de partage avec les personnes dans le besoin (Ademolu, 2018), la plus grande menace pour la philanthropie de la diaspora africaine est de savoir si la volonté actuelle de la première génération de la diaspora se poursuivra au-delà de la deuxième et de la troisième génération d'immigrants. D'autre part, les moyens informels d'envoyer de l'argent à la « patrie » pourraient être menacés par des insécurités, y compris les lois sur le terrorisme. En outre, les envois de fonds sont souvent effectués au prix de grands sacrifices personnels. C'est particulièrement vrai pour la majorité des migrants sans papiers. En l'absence de mécanismes clairs de responsabilité et de transparence, il est possible que de nombreuses diasporas cessent d'envoyer des fonds dans leur pays d'origine. Il est également possible que les migrants de longue durée cessent d'envoyer de l'argent parce qu'ils finissent par s'imprégner de la notion canadienne de charité, qui comprend des allègements fiscaux qui ne couvrent pas de nombreux types d'envois de fonds vers l'Afrique. Par exemple, le code fiscal canadien ne permet pas de déclarer une personne à charge dont on est entièrement responsable et qui ne réside pas au Canada. La plupart des migrants africains qui envoient des fonds n'attendent rien d'autre que la gratitude des destinataires, et certains souhaitent même garder l'anonymat. Une trop grande intervention de l'État pourrait se traduire par des mécanismes bureaucratiques qui entraveraient la dynamique des investissements et des transferts de fonds des migrants vers leur pays d'origine ou le continent (Newland et Tanaka, 2010). Cela pourrait conduire les banques internationales à fermer les comptes bancaires des opérateurs de transferts d'argent pour des raisons de blanchiment d'argent et de financement du terrorisme.

Conclusion : aller de l'avant

La diaspora africaine peut être un levier clé pour le développement du continent et pourrait bénéficier d'un soutien concerté de la part des gouvernements, des sociétés civiles et des secteurs privés dans le développement et la promotion de politiques et de structures appropriées qui peuvent servir de voies d'investissement, que ce soit financièrement ou par l'engagement de leurs compétences et de leur expertise. Ces efforts pourraient déboucher sur des documents visant à informer les décideurs politiques de nombreux pays africains et des pays d'accueil sur les pratiques existantes et à fournir un guide aux personnes chargées de formuler des politiques visant à engager la diaspora en tant que partenaire actif du développement, dans les pays d'origine. Il est essentiel d'investir du temps pour apprendre à connaître les différentes communautés de la diaspora afin d'élaborer des politiques appropriées tant dans les pays d'accueil que dans les pays d'origine. Une meilleure connaissance des traditions locales est également importante pour développer une variété d'informations qui attirent les différents groupes de la diaspora ou non.

Il est nécessaire de mieux coordonner les réseaux et les politiques fiscales dans leur pays d'origine afin d'encourager les diasporas africaines à économiser de l'argent dans leur pays d'origine. Il manque toutefois un cadre juridique et politique pour que le pays d'origine puisse bénéficier des résultats de la diaspora (revues scientifiques, monographies, etc.). Ce chapitre souligne également qu'il existe un débat sur la migration et le développement dans lequel l'hypothèse d'une diaspora apolitique est problématique, car les chercheurs cherchent désormais à comprendre l'engagement des diasporas avec leur pays d'origine comme une forme d'engagement civique (Crush, Chikanda et Pendleton, 2013). Les diasporas africaines sont connues pour tenter de lutter contre les injustices et les inégalités sociales et économiques.

En outre, il existe un consensus sur le fait que les diasporas contribuent au développement de manière tangible et intangible, ce qui se traduit par l'expression de différentes formes de capital sur le terrain. La littérature présente généralement une liste des « 5 C », à savoir le Capital intellectuel, le Capital financier, le Capital politique, le Capital culturel et les Capitaux sociaux. Cependant, nous avons choisi de nous intéresser à quatre d'entre eux. Loin d'être la panacée pour le développement, l'exploitation des ressources des diasporas est présentée comme une forme non linéaire de développement d'un pays à faible revenu vers un pays à revenu plus élevé. Comme cela a été présenté ailleurs, les gouvernements africains devraient être en mesure de mobiliser un leadership adéquat, une bonne gouvernance, des pratiques de gestion saine et des politiques sociales efficaces (Plaza et Ratha, 2011). Un modèle souvent cité est celui des Philippines et de son Département des travailleurs migrants (DMW) chargé de protéger les droits et le bien-être de ses travailleurs à l'étranger (Setyawati, 2013). Le département vise à coordonner et à réglementer les travailleurs migrants à l'étranger et le bien-être des Philippins, et pas seulement sa force économique. L'institution organise notamment des enregistrements avant le départ et s'occupe des séminaires d'orientation. La loi philippine définit également les travailleurs migrants et les intègre dans un système de protection. Dans une certaine mesure, les Philippines ont été perçues comme un modèle pour les pays fournisseurs de main-d'œuvre, y compris par les pays africains, en raison de leur soutien et de leur adhésion au processus de Columbo (CP) (Brush et Sochalski, 2007).

Une autre attention devrait être portée sur la science et les diasporas, car elles sont progressivement devenues un domaine clé à promouvoir. Le développement dépend en effet de plus en plus des avancées technologiques. Dans ce contexte, les diasporas de retour au pays sont actuellement des contributeurs clés à la publication dans des revues scientifiques de premier plan au niveau mondial. Deux suggestions se dégagent pour faciliter le transfert de fonds et exploiter davantage le potentiel des scientifiques de la diaspora. Il s'agit tout d'abord d'un « exode des cerveaux inversé » ou de l'expression préférée « flux de nouvelles compétences », lorsque les conditions sociales et politiques le permettent, et ensuite d'une « option diaspora » qui consiste à créer des réseaux de mobilisation pour rétablir les liens entre les scientifiques et les chercheurs du pays d'origine et ceux du pays d'accueil. Il s'agit de préconiser et d'encourager le retour des compétences ou le transfert intellectuel. Ce point de vue a également été officiellement adopté par les nouveaux pays industrialisés (NPI) d'Asie depuis les années 1970, lorsqu'ils ont mis en place des politiques et des programmes visant à encourager le retour des scientifiques nationaux formés à l'étranger (Assogba, 2002). Il s'agit également d'un élément clé pour le développement de l'Afrique. On estime que les politiques et les programmes aident à orienter et à établir les modalités du retour des diasporas hautement qualifiées dans le passé, ce qui s'est produit par le biais de l'Organisation internationale des migrants (OIM) des Nations Unies et du Transfert de connaissances par l'intermédiaire des nations expatriées (TOKTEN) du PNUD et des Volontaires des Nations Unies (VNU). Les exemples fournis dans les années 1980 et 1990 sont Taïwan, Singapour, la Corée du Sud et l'Inde.

Les autres solutions proposées pour s'engager avec les scientifiques de la diaspora sont les suivantes : 1) créer une base de données des ressortissants hautement qualifiés à l'étranger et la tenir à jour ; 2) mobiliser et organiser ces personnes ; 3) les reconnecter avec la communauté scientifique, économique et industrielle du pays ; 4) capitaliser sur leur travail et leurs propres réseaux professionnels ; et 5) encourager les interactions entre eux et la communauté scientifique du pays, sous la forme d'échanges et de projets de recherche communs (Assogba, 2002). Cela nécessitera un effort coordonné de la part de diverses agences du pays d'origine, un solide filet de sécurité sociale et une garantie de stabilité pour encourager le retour et la rétention de ce groupe.

En résumé, la nécessité de créer un cadre économique, politique, judiciaire, social et culturel favorable à la mobilisation de ces diasporas en faveur du développement est indispensable à la réussite de l'ensemble de la région. En effet, les diasporas africaines sont déjà reconnues par le Nouveau partenariat pour le développement de l'Afrique (NEPAD) comme des partenaires. Elles bénéficient notamment du soutien de diverses organisations internationales telles que le Programme des Nations Unies pour le développement (PNUD), la Conférence des Nations Unies sur le commerce et le développement (CNUCED) ou l'Organisation internationale du travail (OIT).

Références bibliographiques

Ademolu, E. (2018). *Repenser les publics : représentations visuelles de l'Afrique et de la diaspora nigériane*. Université de Manchester.

Arogbofa, J. (2022). *Understanding the Leadership Crisis in Africa Using the Case of Nigéria* (Thèse de doctorat, Walden University).

Asquith, P. et Opoku-Owusu, S. (2021). Diaspora Investment to Help Achieve the SDGs in Africa : Prospects and Trends, *Foreign Direct Investment Perspective Through Foreign Direct Investment,* , pp. 61-74.

Assogba, Y. (2002). Diaspora, mondialisation et développement de l'Afrique, *Nouvelles pratiques sociales,* 15(1), pp. 98-110.

AU, *Strategic, Business and Operational Framework for an - African Diaspora Finance Corporation:*, African Union. Addis Ababa, Ethiopia.

Brinkerhoff, J.M. (2014). "Diaspora Philanthropy", *Nonprofit and voluntary sector quarterly,* 43(6), pp. 969-992 Disponible à l'adresse.

Brown, M. (2013). "Chapitre 8. The South African Network of skills abroad (SANSA) : the South African experience of scientific diaspora networks".

Brush, B.L. et Sochalski, J. (2007). "International Nurse Migration", *Policy, politics & nursing practice,* 8(1), pp. 37-46 Disponible à l'adresse.

Copeland-Carson, J. (2005). "Promouvoir la diversité dans la philanthropie noire contemporaine : Toward a New Conceptual Model". *New Directions for Philanthropic Fundraising*, (48), pp. 77-87.

Crush, J., Chikanda, A. et Pendleton, W. (2013). *Divided Diasporas : Southern Africans in Canada CIGI Special Report* Centre for International Governance Innovation.

De Haas, H. (2006). Engaging diasporas. *How Governments and Development Agencies can support Diaspora Involvement in the Development of Origin Countries. A Study for Oxfam Novib. Den Haag.*

Echeverría-King, L.F., Camacho Toro, R., Figueroa, P., Galvis, L.A., González, A., Suárez, V.R., Torres Atencio, I. et Widmaier Müller, C.N. (2022). "Organized scientific diaspora and its contributions to science diplomacy in emerging economies: the case of Latin America and the Caribbean", *Frontiers in Research Metrics and Analytics,* pp. 22.

Espinosa, S.A. (2016). "Diaspora philanthropy: the making of a new development aid?", *Migration and development (Abingdon, Oxfordshire, UK),* 5(3), pp. 361-377.

Farrar, S. et Giroux (2009). "Dead Aid: Why Aid Is Not Working and How There Is Another Way for Africa" par Dambisa Moyo, *The Journal of blacks in higher education,* (63), pp. 85

Favreau, L. et Salam Fall, A. (2007). *L'Afrique qui se refait* Québec, Canada : Les Presses de l'Université du Québec.

Fiddian-Qasmiyeh, E. et Daley, P. (2019). "Introduction" *Routledge Handbook of South-South Relations.* 1st ed. Royaume-Uni: Routledge, pp. 1-27.

Figueroa-Vásquez, Y. (2020). *Decolonizing Diasporas: Radical Mappings of Afro-Atlantic Literature* Chicago: Northwestern University Press.

Flanigan, S. T. (2017). Crowdfunding and diaspora philanthropy: An integration of the literature and major concepts. *VOLUNTAS: International Journal of Voluntary and Nonprofit Organizations*, *28*, 492-509.

Flores, G., & Malik, A. (2015). What development means to diaspora communities. Bond for International Development. European Union.

Fuentes-Mayorga, N. (2023). *From Homemakers to Breadwinners to Community Leaders* Chicago: Rutgers University Press.

Hack-Polay, D., Siwale, J. (2018). Introduction: Overview of the Book. In: Hack-Polay, D., Siwale, J. (eds) *African Diaspora Direct Investment.* Palgrave Studies of Entrepreneurship in Africa. Palgrave Macmillan, Cham.

Ionescu, D. (2006). *Engaging diasporas as development partners for home and destination countries: challenges for policymakers*. United Nations.

Johnson, P. D. (2007). *Diaspora philanthropy: Influences, initiatives, and issues.* Boston, MA: Philanthropic Initiative.

Ketkar, S.L. et Ratha, D. (2010). Diaspora bonds. *Journal of international commerce, economics and policy,* 1(2), pp. 251-263

Khan, S., Gabralla, A.K. et Ebrahim, A.F.M. (2015). 11 The South African Indian Muslim Community and Its Role in Responding to International Disasters. *Indian Diaspora*, pp. 199-226.

Little, H.M. (2009). The Role of Private Assistance in International Development. *NYUJ Int'l L.& Pol.* 42, pp. 1091.

Low, C.C. (2017). Malaysian diaspora philanthropy: transnational activism, mobilization and resistance. *Diaspora Studies,* 10(2), pp. 152-174

Mekonnen, M.B. et Lohnert, B. (2018). Diaspora Engagement in Development. *African diaspora,* 10(1-2), pp. 92-116

Moyo, D. (2009). *Dead aid: Why aid is not working and how there is a better way for Africa*. Macmillan.

Newland, K. et Patrick, E. (2004). Beyond remittances: the role of Diaspora in poverty reduction in their countries of origin, a scoping study by the Migration Policy Institute for the Department of International Development. *Migration Policy Institute*.

Newland, K. et Tanaka, H. (2010). *Mobilizing diaspora entrepreneurship for development.* Migration Policy Institute Washington, DC.

Newland, K., Terrazas, A. et Munster, R. (2010). *Diaspora Philanthropy: Private Giving and Public Policy.*

OIM (2021). L'Organisation internationale des Nations Unies pour les migrations publie un rapport intitulé "World Migration - 2022". *Targeted News Service,* 17 décembre.

Palmer, C. A. (2000). Defining and studying the modern African diaspora. *The Journal of Negro History*, *85*(1-2), 27-32.

Plaza, S., & Ratha, D. (2011). Harnessing diaspora resources for Africa. *Diaspora for development in Africa*, 1-54.

Ramachandran, S., & Crush, J. (2021). Sustainable Development and Diaspora Engagement in Canada. *International Affairs and Canadian Migration Policy*, 153-182.

Ratha, D. (2020) "What Are Remittances ?", https://www.imf.org/external/pubs/ft/fandd/basics/pdf/ratha-remittances.pdf.

Setyawati, D. (2013). Assets or commodities? Comparing regulations of placement and protection of migrant workers in Indonesia and the Philippines. *ASEAS-Austrian Journal of South-East Asian Studies*, *6*(2), 264-280.

Sidel, M. (2008). *A Decade of Research and Practice of Diaspora Philanthropy in the Asia Pacific Region U Iowa Legal Studies Research Paper* SSRN.

Smith, E. (2020). Diaspora policies, consular services and social protection for senegalese citizens abroad. *Migration and Social Protection in Europe and Beyond (Volume 3) A Focus on Non-EU Sending States*, 289-304.

Sutherland, P. D. (2013). Migration is development: How migration matters to the post-2015 debate. *Migration and Development*, *2*(2), 151-156.

Thomas, D. (2012). Giving and volunteering among Canada's immigrants. *Canadian Social Trends*, (93), 56-69.

Trans, L. O., & Vammen, I. M. (2011). African diaspora associations in Denmark: A study of their development activities and potentials. *DIASPORA for*, 145-164.

Vintila, D., & Lafleur, J. M. (2020). The Immigration-Emigration Nexus in Non-EU Sending States: A Focus on Welfare Entitlements, Consular Services, and Diaspora Policies. *Migration and Social Protection in Europe and Beyond (Volume 3) A Focus on Non-EU Sending States*, 1-39.

Wilkinson-Maposa, S. (2016). African philanthropy: Advances in the field of horizontal philanthropy.

CHAPITRE 7

Rôle des banques multilatérales dans la philanthropie pour le développement du continent : Les expériences de la Banque africaine de développement

Luther T. Yameogo et Patrick T. Yoda[1]

La philanthropie joue un rôle d'appoint important au développement de l'Afrique en répondant à ses aspirations de différentes manières, des œuvres de charité à l'ingénierie de l'innovation sociale, en passant par l'humanitaire. Face aux défis multiformes du continent, la philanthropie en Afrique reste en plein essor. Elle est appelée à jouer un rôle croissant dans le développement du continent et en cela, des exemples éloquents de convergences des agendas des acteurs philanthropiques et des banques multilatérales de développement (BMD) permettent de mieux appréhender le potentiel et l'impact des acteurs philanthropiques sur la croissance inclusive en Afrique, avec une cadence diverse selon les sphères francophones et anglophones[2].

Les BMD sont des institutions financières internationales qui ont pour objectif de financer des projets de développement économique et social dans les pays en développement[3]. Les principales BMD sont la Banque mondiale, la Banque africaine

---

[1]Dr Luther T. YAMEOGO est Expert principal Plaidoyer, Partenariats et Mobilisation de ressources à la BAD ; T. Patrick YODA est Candidat au PhD en Administration, avec spécialisation en Entrepreneuriat à l'ESG UQAM (Canada).

[2]L'Afrique australe, qui se démarque par une forte tradition de dons formels, est également la région où la philanthropie est la plus dynamique, en particulier dans les pays anglophones (Afrique du Sud, Kenya, Zimbabwe, Tanzanie, mais aussi Nigéria) (Cessou, 2015).
[3]https://www.eib.org/fr/about/partners/development-banks/index.htm#:~:text=Les%20BMD%20ont%20pour%20mission,ensemble%20de%20la%20population%20mondiale.

de développement, la Banque asiatique de développement, la Banque européenne pour la reconstruction et le développement, la Banque interaméricaine de développement et la Banque islamique de développement. Ces BMD peuvent fournir des financements sous forme de prêts, de subventions ou de garanties pour soutenir les projets de développement dans les domaines tels que les infrastructures, l'énergie, l'agriculture, l'éducation, la santé et les changements climatiques. Les sources de financement des BMD sont variées et proviennent de partenariats multiples, dont les fondations philanthropiques.

Dans ce chapitre, nous nous concentrons sur les expériences de la Banque africaine de développement (BAD) avec les acteurs philanthropiques à travers des programmes de développement sur le continent africain. La BAD demeure avant tout l'acteur majeur du financement du développement du continent. En soutien à la mission de développement économique et social de la BAD sur le continent africain, les acteurs philanthropiques, tels que les fondations, les philanthropes individuels et les organisations non gouvernementales (ONG) contribuent de manières diverses aux programmes de développement en Afrique. Ces acteurs sont des pourvoyeurs de financements, de compétences et de ressources techniques qui permettent de mettre en œuvre de grands chantiers de développement dans de nombreux pays africains.

Nous discuterons de ces acteurs philanthropiques dans le cadre des actions de la BAD, ainsi que la valeur ajoutée de la philanthropie au développement en Afrique à l'aune des partenariats en cours. Ensuite, nous traiterons des processus de capacitation des acteurs locaux de développement présentés comme acteurs de la société civile. Finalement, nous aborderons les limites et les opportunités d'une institutionnalisation de la philanthropie en Afrique.

Les acteurs philanthropiques dans le contexte des programmes de développement de la BAD

Le rôle de la philanthropie dans les programmes de développement est encore méconnu. À cet effet, les connaissances sur la philanthropie, ses acteurs et leur champ d'action sont encore à construire. Les efforts des États africains dans la production de connaissances et la structuration de la philanthropie se font attendre. En effet, la plupart des recherches et des actions organisatrices sur les acteurs philanthropiques et leurs apports au développement du continent sont impulsées par des organismes internationaux[1]. Cette situation peut s'expliquer par plusieurs raisons.

Bien que les acteurs philanthropiques internationaux constituent de grands donateurs au financement de programmes de développement en Afrique[2], les politiques des États africains semblent accorder peu d'importance dans le rôle qu'une « philanthropie africaine[3] » peut jouer dans le développement du continent. Cela peut se refléter par le manque de réformes ou de règlements permettant la formalisation, la structuration et la définition du champ d'action des acteurs philanthropiques en Afrique. Par ailleurs, la majorité des recherches sur les situations sociales et économiques dans les sociétés africaines ont longtemps véhiculé l'image d'une société communautariste où l'entraide et la solidarité régissent le fonctionnement de ces sociétés. Dans une telle conception « romantique » des sociétés africaines, les différents agendas de recherches en sciences sociales et humaines sont restés silencieux sur l'émergence d'une philanthropie africaine et formelle, ses acteurs et son rôle potentiel dans les stratégies de développement du continent.

Une conséquence de la faiblesse des connaissances sur la philanthropie réside dans la difficulté de définir la notion de philanthropie, ses acteurs et son champ d'action. Même, dans le contexte occidental où les recherches sur la philanthropie sont les

---

[1]Les recherches de grandes envergures sur la philanthropie en Afrique sont conduites par des organismes internationaux tels que l'OCDE, WINGS.

[2]Le rapport financier 2022 de la BAD montre que les acteurs philanthropiques internationaux tels que la Fondation Bill-et-Melinda-Gates, la Fondation Rockefeller ou la Fondation MasterCard apportent des financements conséquents dans des programmes spécifiques de développement (Rapport financier 2022 BAD, 2023).

[3]Ici, nous n'utilisons pas la notion de « philanthropie africaine » dans le sens de Moyo et Ramsamy (2014), mais dans le sens d'une philanthropie formelle initiée par des acteurs africains.

plus avancées, les chercheurs ne sont pas unanimes sur la façon de définir la philanthropie. Duvoux (2018) met en évidence les risques de réductionnisme que peut poser une définition de la philanthropie lorsque l'on s'intéresse uniquement aux dimensions institutionnelles. Il suggère d'aller au-delà pour questionner les valeurs et les fonctions attribuées à la philanthropie. Dans le contexte africain, l'acception la plus courante de la philanthropie est celle qui revêt des formes internationales de philanthropie à l'image des fondations d'origine occidentale, mais qui interviennent en Afrique. Cependant, cette forme de philanthropie n'est pas la seule présente en Afrique. Ces dernières années, des recherches soutiennent de plus en plus la conception d'une « philanthropie africaine » basée sur des notions de « solidarité et de réciprocité » (Moyo et Ramsamy, 2014). Certains auteurs militent en faveur d'une philanthropie hybride (Mati, 2017). En somme, il y a variété d'acteurs et d'approches philanthropiques sur le continent africain (voir les chapitres 4, 5, 6 et 12 de ce livre pour avoir une meilleure idée de cette diversité d'acteurs).

Le contexte de développement dans lequel la BAD intervient amène à confondre la notion d'« acteurs philanthropiques » avec de nombreux autres acteurs qui présentent des caractéristiques différentes. En effet, la BAD travaille avec une constellation d'acteurs de développement qu'elle désigne sous le vocable de « société civile » englobant toutes les activités humaines et associatives qui se déroulent dans le domaine public, en dehors du secteur privé et de l'État.

Les Nations Unies utilisent la notion de société civile[1] pour désigner un éventail d'acteurs tels que les groupements communautaires, les organisations non gouvernementales (ONG), les syndicats, les organisations de populations autochtones, les organisations caritatives, les groupements d'obédience religieuse, les associations professionnelles et les fondations privées.

Bien que nous reconnaissions la valeur ajoutée de toute cette diversité d'acteurs de l'écosystème philanthropique, nous

---

[1]https://perspective.usherbrooke.ca/bilan/servlet/BMDictionnaire/163
1

portons notre attention plus spécifiquement aux fondations internationales et africaines dans ce chapitre et nous utilisons le terme société civile pour faire référence aux autres acteurs locaux du développement.

Les expériences de la Banque africaine de développement avec les acteurs philanthropiques

Afin de consolider son engagement envers la société civile en général, la Banque a élaboré un nouveau Plan d'action d'engagement avec la société civile (2024-2028)[1]. Ce plan d'action 1) est aligné sur les objectifs de la nouvelle stratégie décennale 2024-2033 de la Banque, notamment la croissance inclusive ; 2) intègre les *High 5* ou priorités thématiques : éclairer et fournir de l'énergie à l'Afrique, nourrir l'Afrique, industrialiser l'Afrique, intégrer l'Afrique, et améliorer la qualité de vie des Africains ; 3) exploite les complémentarités, les synergies et la valeur ajoutée d'acteurs comme les organisations philanthropiques.

Pour mettre en œuvre sa stratégie de développement, la BAD travaille avec de nombreux partenaires, dont les acteurs philanthropiques. En tant qu'institution financière multilatérale, la BAD fournit des ressources financières et techniques aux pays africains pour stimuler la croissance économique et réduire la pauvreté. Grâce à des partenariats qui permettent le développement de compétences et l'incubation de fonds provenant des acteurs philanthropiques internationaux et locaux, la BAD est en mesure d'agir sur deux axes importants : le financement et la capacitation des différents acteurs locaux du développement économique et social tels que les entreprises ou les organisations de la société civile en Afrique. Dans une dynamique de co-construction avec la BAD, les acteurs philanthropiques apportent leurs ressources (avoirs des fondations, fonds générés par leur responsabilité sociétale ou fonds provenant d'investissements dédiés) et développent des

---

[1] Plan d'action pour l'engagement de la Banque avec la société civile, BAD, Juin 2024.

projets conjoints qui s'appuient sur le *convening power* de la BAD.

Les partenariats de la BAD avec les fondations internationales

La Fondation Bill-et-Melinda-Gates[1] travaille avec la BAD pour améliorer la santé en Afrique, en soutenant des programmes de vaccination, la lutte contre le VIH/SIDA, la santé maternelle et infantile, et la nutrition. En partenariat avec l'Agence française de développement, cette collaboration s'est étendue à l'inclusion financière numérique[2].

La Fondation Rockefeller et la BAD[3] accompagnent le développement économique inclusif en Afrique, en particulier dans les domaines de l'agriculture, de l'énergie et de l'accès aux financements pour les petites et moyennes entreprises. Le Groupe de la BAD a établi un fonds, le Fonds fiduciaire Rockefeller, doté de 3 millions de dollars américains (EU), dans le cadre d'un effort conjoint pour contribuer à propulser la transformation de l'Afrique. Avec cette dotation initiale, le Fonds fiduciaire appuie les activités de la Banque, notamment en ce qui concerne deux de ses cinq priorités stratégiques, l'agriculture (Nourrir l'Afrique, Priorité 2) et l'amélioration des conditions de vie des populations en Afrique (Priorité 5).

La Fondation Mastercard collabore avec la BAD sur l'initiative « Young Africa Works »[4], qui vise à fournir des emplois et des opportunités économiques aux jeunes Africains en renforçant les compétences professionnelles et en facilitant l'accès aux financements. En juin 2024, Mastercard et la Banque

---

[1] https://www.gatesfoundation.org/

[2] https://cio-mag.com/la-bad-lafd-et-la-fondation-bill-et-melinda-gates-mobilisent-400-millions-deuros-pour-renforcer-linclusion-financiere-numerique/

[3] https://www.afdb.org/fr/press-release/02/06/2019-1721/afrique-la-fondation-rockefeller-confie-son-fonds-fiduciaire-de-3-millions-de-dollars-pour-lagriculture-et-lemploi-des-jeunes-la-banque-africaine-de-developpement-2236

[4] https://mastercardfdn.org/strategy/

africaine de développement (BAD) ont annoncé une alliance stratégique pour améliorer l'accès numérique en Afrique. Le projet « Mobilizing Access to the Digital Economy (MADE) Alliance: Africa » vise à connecter 100 millions de personnes et entreprises au cours des dix prochaines années.

Les partenariats de la BAD avec les fondations africaines

La Fondation Tony Elumelu[1] et la BAD soutiennent l'entrepreneuriat en Afrique. Des projets en place visent à renforcer les capacités des entrepreneurs africains en leur fournissant des financements, des formations et des conseils en matière de développement des entreprises. La Fondation Elumelu a collaboré avec la BAD pour lancer l'initiative « Boost Africa »[2], qui soutient les jeunes entrepreneurs africains en leur fournissant une formation, des financements et des ressources pour lancer et développer leurs entreprises.

La Fondation Mo Ibrahim et la BAD sont en partenariat sur un secteur stratégique du développement, la gouvernance. La Fondation permet ainsi à de jeunes Africains d'obtenir des bourses d'immersion professionnelle à la Banque[3] pour contribuer à la transparence des investissements, à la redevabilité, mais surtout pour "capaciter" des jeunes Africains sur les enjeux du développement.

D'autres entités philanthropiques collaborent également avec la banque pour soutenir le développement en Afrique à travers des fonds fiduciaires et de plus en plus dans des domaines qui vont du *soft power* (puissance douce) dans des contextes de fragilités, à des interventions directes dans les pays membres de la BAD, en passant par la prise en compte des écarts ou de secteurs émergents.

---

[1] https://www.tonyelumelufoundation.org/

[2] https://www.afdb.org/ar/news-and-events/african-development-bank-tony-elumelu-foundation-partner-to-support-youth-entrepreneurs-in-africa-19124

[3] https://www.afdb.org/fr/poste-vacant/programme-de-bourses-2024-de-leadership-de-la-fondation-mo-ibrahim-63502

La Fondation africaine pour la technologie pharmaceutique

Le Conseil d'administration de la BAD a validé la création de la *Fondation africaine pour la technologie pharmaceutique*, une institution novatrice, qui va considérablement améliorer l'accès de l'Afrique aux technologies qui sous-tendent la fabrication de médicaments, de vaccins et d'autres produits pharmaceutiques[1]. Il s'agit ici d'accompagner la reconstruction après la crise de COVID-19 en l'occurrence, la relance de l'industrie pharmaceutique africaine, le renforcement des capacités africaines de fabrication de vaccins et la mise en place d'infrastructures de soins de santé de qualité en Afrique. Cette décision audacieuse et innovante de partenariat ouvre de nouvelles perspectives sanitaires à l'Afrique qui, depuis des décennies, subit le fardeau de plusieurs maladies et pandémies, comme le COVID-19, mais dont la capacité à produire elle-même ses médicaments et vaccins s'avère très limitée. L'Afrique importe plus de 70 % de l'ensemble des médicaments dont elle a besoin, s'acquittant ainsi d'une facture annuelle de 14 milliards de dollars. La Fondation africaine pour la technologie pharmaceutique vient donc combler une lacune criante de capacités domestiques africaines en matière pharmaceutique. Faisant office d'intermédiaire transparente, elle sera chargée de promouvoir et de négocier les intérêts du secteur pharmaceutique africain auprès des multinationales pharmaceutiques et d'autres pays du Sud, afin de partager les technologies, le savoir-faire et les procédés brevetés protégés par la propriété intellectuelle. Elle entérine l'engagement de la BAD à consacrer 3 milliards de dollars au moins au cours des 10 prochaines années à la fabrication de produits pharmaceutiques et de vaccins sur le continent, dans le cadre de son plan d'action pharmaceutique « Vision 2030 ».

À travers ces partenariats avec les acteurs philanthropiques, la BAD affiche l'ambition majeure de susciter des niches de financements à la fois exogène et endogène au continent africain en maximalisant le potentiel de la philanthropie. La stratégie clairement affichée est organisée autour du Département chargé de la Mobilisation des ressources et des Partenariats. Celle-ci a permis de nouer des accords avec des fondations

---

[1] https://www.afdb.org/fr/news-and-events/press-releases/la-banque-africaine-de-developpement-donne-son-feu-vert-la-creation-de-la-fondation-africaine-pour-la-technologie-pharmaceutique-qui-va-transformer-le-secteur-pharmaceutique-en-afrique-52728

philanthropiques pour mettre à la disposition des autres acteurs du développement leurs ressources en contribuant à l'implémentation de ses objectifs stratégiques centrés autour de la croissance inclusive et verte avec des thématiques prioritaires assorties. Il ressort donc que les fondations philanthropiques sont des bailleurs de fonds (OCDE, 2018) pour bon nombre de programmes de développement en Afrique. Toutefois, leur rôle ne se limite pas à octroyer des financements, elles sont également des partenaires porteurs d'innovation dans les divers domaines du développement. C'est dans cette perspective que s'inscrivent les actions de capacitation de la BAD à l'endroit des autres acteurs du développement de la société civile.

Capacitation des acteurs du développement de la société civile

La capacitation des acteurs du développement africain fait référence au renforcement de leurs capacités en leur qualité d'organisations de la société civile pour leur permettre d'avoir un impact plus important dans leurs domaines d'intervention[1]. Cela peut inclure une capacitation sur les meilleures pratiques pour la collecte de fonds, la gestion financière, la gouvernance, la planification stratégique et la mesure de l'impact, mais aussi un effet levier sur la capacitation des populations, objet de leurs interventions. Longtemps réduit à un seul aspect, (i) la formation, la capacitation intègre aussi (ii) les comportements, (iii) les systèmes, (iv) la logistique, (v) et les motivations. Elle constitue donc « un tout, un compact, dont les éléments se développent et se déclinent en chaîne de facteurs capacitifs qui sont reliés *entre eux et qui s'appuient et se renforcent mutuellement selon des modalités interactives »*[2]. Elle doit s'envisager dans une

[1]L.T. YAMEOGO, « Apogée et périgée de la société civile comme acteur d'influence des politiques publiques au Burkina Faso : L'institutionnalisation du contrôle citoyen de l'action publique par la redevabilité et la digitalisation comme catalyseur de croissance inclusive », thèse, U-EENI, 2023

[2]P.C. DAMIBA, le renforcement des capacités : approche conceptuelle, historique et trajectoires, communication à l'occasion du Forum

perspective de long terme et d'appropriation sociale. Il importe donc de construire un environnement favorable qui élimine les obstacles liés à la capacité, comble les déficits, lance les initiatives de renforcement des capacités en vue d'assurer la performance des différents acteurs engagés dans les chantiers du développement en Afrique.

À cet effet, le cadre d'engagement de la BAD avec la société civile[1] offre des passerelles logiques, reflétant une valeur ajoutée inouïe. Cet engagement, désormais traduit en outil opérationnel à travers le nouveau plan d'action 2024-2028[2], inclue le rôle prégnant des acteurs philanthropiques pour la capacitation holistique des organisations de la société civile et l'amélioration *in fine* des conditions de vie des populations en Afrique. Cette capacitation épouse plusieurs adjuvants :

Progressivité, subsidiarité active et capacitation holistique : À travers leurs expertises et le financement des projets de développement initiés par la BAD, les fondations permettent à la BAD de diriger les ressources nécessaires vers les acteurs qui sont directement impliqués dans la résolution des problématiques sociales et économiques.

Subsidiarité active : Certaines organisations locales de développement, fortes de leur ancrage au niveau local, ont développé des connaissances fines sur des thèmes clés du développement et sur les populations locales concernées. Forts de leur expertise et de leur proximité avec les milieux de développement, ces acteurs sont plus aptes à mettre en œuvre les projets de développement social et économique.

Capacitation holistique : Le renforcement des capacités des acteurs du développement est considéré comme l'un des principaux défis à relever pour accélérer la croissance économique, la fonder sur l'éthique, et améliorer de manière significative les conditions de vie des populations en Afrique. La BAD considère le renforcement des capacités comme un tout

---

Africapacités 2013 organisé par Diakonia sur la problématique du changement social en Afrique

[1]Cadre d'engagement Banque africaine de développement – Société Civile, 2012, BAD

[2]Opcit

compact dont la prise en compte de toutes les parties permet d'apporter un changement durable. C'est pourquoi les trois piliers du plan d'action 2024-2028 ciblent 1) la création d'un environnement favorable, dont le renforcement des capacités institutionnelles ; 2) le *mainstreaming* des Fondations et autres acteurs dans les projets de la Banque et 3) le plaidoyer et le partenariat avec toutes les parties prenantes, dont les Fondations, pour générer des savoirs et constituer des communautés de pratiques sur des problématiques majeures.

Par ailleurs, le plan d'action d'engagement de la BAD avec la société civile 2024-2028, endossée par la Division Société civile, engagement communautaire et innovation sociale permettra de mettre en place un cadre favorable (normes, écosystème, capacités, moyens et synergies) pour soutenir l'institutionnalisation de la philanthropie sur le continent et réduire sa dépendance vis-à-vis des acteurs philanthropiques internationaux. Cette approche, *in fine,* permettra aux stratégies de développement d'être financées par des ressources endogènes et d'en contrôler l'agenda.

Limites et perspectives d'institutionnalisation de la philanthropie en Afrique

La BAD joue déjà un rôle majeur dans la catalyse du potentiel des Fondations pour un développement inclusif du continent. Toutefois, le manque de cadres réglementaires à l'échelle du continent africain présente des freins à une institutionnalisation de la philanthropie pour en renforcer l'impact sur le développement de l'Afrique. À cet effet, des travaux récents tendent à montrer la nécessaire institutionnalisation de la philanthropie en Afrique (OCDE, 2018). De façon générale, les actions philanthropiques sont enchâssées dans les dispositions réglementaires mises en place par les États. Les réglementations des actions philanthropiques permettent aux États « d'encadrer, de stimuler et d'instrumentaliser[1] » la philanthropie (Lefèvre,

---

[1]S. Lefèvre (2015) précise que le terme « instrumentalisation de la philanthropie » ne doit pas être compris dans un sens péjoratif mais dans le sens où la philanthropie sert d'instrument à l'action publique.

2015) pour mieux répondre aux problèmes sociaux et économiques. Dans le contexte des projets initiés par la BAD, l'état des lieux des acteurs philanthropiques montre que les acteurs philanthropiques internationaux sont plus nombreux à soutenir les projets de développement accompagnés par la BAD. Le faible engagement des acteurs philanthropiques africains dans les projets portés par la BAD est plus lié à un manque d'institutionnalisation de la philanthropie sur le continent qu'au nombre d'acteurs philanthropiques africains. En voici une fenêtre d'opportunité pour de nouveaux acteurs sur le continent ![1]

Par ailleurs, le manque de dispositions réglementaires sur la philanthropie ne permet pas d'organiser la contribution des acteurs philanthropiques plus nichés et de saisir la portée de leurs actions. Le partenariat établi par la BAD avec des acteurs philanthropiques internationaux et africains dans le but de renforcer les capacités des organisations locales du développement constitue une aubaine pour initier avec les gouvernements des pays africains des cadres réglementaires qui permettent une meilleure organisation et une bonne compréhension de la philanthropie en Afrique.

L'implication de la BAD dans ce défi peut être déclinée et suivie au niveau opérationnel à plusieurs égards, dans le cadre de l'implémentation de son Plan d'action 2024-2028 : 1) l'appui à la création de cadres réglementaires favorables pour la philanthropie. Cela comprend la mise en place de lois et de politiques qui encouragent les dons, garantissent la transparence et facilitent la création d'organisations philanthropiques ; 2) La sensibilisation du public et l'éducation sur le rôle et l'importance

[1]Par exemple, le Groupe Vista Bank https://www.linkedin.com/company/vista-bank-group/, groupe d'investissement panafricain, qui vient de racheter Oragroup et des filiales de BNP Paribas (présent de fait dans toute la zone monétaire d'Afrique de l'Ouest et en Afrique centrale), envisage de mettre en place une Fondation dédiée à l'inclusion financière, la capacitation des PME, la promotion des contenus locaux dans le secteur des industries extractives, l'entrepreneuriat et la digitalisation tout en explorant de nouvelles perspectives d'interventions structurantes.

de la philanthropie pour encourager davantage de personnes et d'organisations à s'engager dans des initiatives de développement et créer un *pool* de champions ; 3) la mesure de l'impact pour encourager la philanthropie basée sur le changement en mettant l'accent sur la mesure et la communication des résultats obtenus. Cela peut renforcer la confiance des donateurs et accroître l'efficacité des initiatives philanthropiques ; 4) la mobilisation des ressources locales pour générer des ressources internes durables pour les projets de développement ; 5) la promotion de l'innovation sociale et le soutien à des projets innovants et des approches créatives pour résoudre les problèmes de développement pour stimuler la philanthropie en attirant l'attention et l'investissement dans des solutions novatrices.

En fin de compte, l'institutionnalisation de la philanthropie nécessite une approche multidimensionnelle qui englobe la législation, l'éducation, la mobilisation des ressources, la transparence et la collaboration. En travaillant ensemble, les gouvernements, les acteurs philanthropiques et les autres acteurs de la société civile peuvent créer un environnement propice pour soutenir les infrastructures du secteur philanthropique, encore largement assurées par les instances internationales – ce qui fragilise justement les acteurs locaux et renforce la dépendance vis-à-vis de l'international. La vocation de la BAD à collaborer avec les acteurs philanthropiques résonne avec une ambition de soutenir la construction de connaissances sur la philanthropie (y compris la mise en orbite de communautés de pratiques (COP) pour une capitalisation et un passage à l'échelle), de promouvoir le renforcement de capacités des acteurs du développement en Afrique, et d'accompagner le développement de cadres réglementaires propices à ce que la philanthropie puisse contribuer de manière efficace au développement social et économique du continent africain.

Parmi les nouveaux acteurs qui se positionnent dans cette niche panafricaniste et qui collaborent avec la BAD, figure le Groupe Vista Holding SA, société d'investissements et de portefeuilles de services financiers ayant pour objectif de devenir un établissement financier panafricain de classe mondiale et de participer à l'inclusion économique et financière en Afrique[1]. Sa responsabilité d'entreprise sociétale est illustrée par un portefeuille de financement de projets de développement ou d'activités communautaires à des fins d'inclusion financière. Grâce à des dons et appuis à des ONG et associations locales, il a déjà réussi à se positionner en tant qu'intervenant clé, hautement impliqué dans le développement économique, social et environnemental des nombreux pays dans lesquels il exerce ses activités[2].

Désireux de capitaliser les acquis du Groupe Vista dans sa dynamique de croissance de son portefeuille-pays, d'engagement communautaire et de contribution à jeter des ponts pour un développement endogène sur le continent, les fondateurs ont reconnu la nécessité de mettre en place une fondation dédiée et qui accordera une attention particulière à la création d'un écosystème favorable à la mobilisation de ressources endogènes sur le continent. Pour Vista, la structure à mettre en place ne devrait pas seulement s'occuper d'humanitaire ou de contributions ponctuelles. Elle devrait aussi porter des programmes structurants, mener des actions de terrain en matière de renforcement d'un environnement favorable à l'entrepreneuriat, à des mécanismes de capacitation des acteurs et *in fine*, à l'accélération de l'inclusion financière grâce à la digitalisation. La Fondation Vista contribuera donc à la réflexion, à l'incubation, à l'action, à l'expertise et à la capitalisation dans ses domaines d'intervention.

Conclusion

Peut-on conclure sur un tel sujet ? Assurément non, tant la trame problématique ouvre des champs de perspectives d'intérêt majeur. Les forces de la philanthropie et l'énorme potentiel

---

[1] https://www.jeuneafrique.com/1472760/economie-entreprises/bnp-oragroup-societe-generale-la-methode-simon-tiemtore-a-lepreuve-de-la-finance-africaine/

[2] https://www.wakatsera.com/vista-bank-et-cybastion-allouent-100-millions-de-fcfa-a-digifemmes-un-programme-dimpact-social-en-cote-divoire/

(gisement) de ses acteurs offrent assez de ressorts pour en éliminer les faiblesses, mitiger les risques et en saisir les extraordinaires opportunités. Dans un contexte en perpétuelle mutation où les schémas de développement traditionnel sont remis en cause, où l'on assiste à des mouvements de bascule vers davantage d'endogénéité, où la remise en cause des postulats de l'aide publique au développement entraîne une renégociation des termes de coopération au développement, l'institutionnalisation de la philanthropie apparaît de plus en plus comme une alternative de subsidiarité active. Des expériences en cours et des mécanismes mis en place en partenariat avec la Banque africaine de développement et la Banque islamique de développement, par exemple, corroborent l'appareillage de la philanthropie supplétive et de sous-traitance de l'impuissance publique vers une trajectoire de co-construction d'un modèle de développement *sui generis*.

Cette « puissance de feu », à en juger par les sommes énormes générées d'allocations dédiées ou déduites des politiques RSE, est un formidable instrument de *soft power*, un gisement stratégique essentiel pour faciliter le développement « clés en têtes » et projeter la transformation structurelle de l'Afrique, par la mobilisation de ressources domestiques, un écosystème capacitatif et un capital humain capacité.

Références bibliographiques

Duvoux, N. (2018). Les valeurs de la philanthropie. *Informations sociales*, (1), 38-46.

Fontan, J. M., Lévesque, B., & Charbonneau, M. (2011). Les fondations privées québécoises : un champ de recherche émergent. *Lien social et Politiques*, (65), 43-64.

Lefèvre, S. (2015). Pour une approche sociopolitique de la philanthropie financière: plaidoyer pour un programme de recherche. *Politique et sociétés*, 34(2), 61-85.

Mati, J. M. (2017). Philanthropy in contemporary Africa: A review. *Voluntaristics Review*, 1(6), 1-100.

Moyo, B., & Ramsamy, K. (2014). African philanthropy, pan-Africanism, and Africa's development. *Development in Practice*, 24(5-6), 656-671.

OCDE (2018). *La philanthropie privée pour le développement* (Ser. Objectif développement).

YAMEOGO, L. T., (2023). *Apogée et périgée de la société civile comme acteur d'influence des politiques publiques au Burkina Faso : L'institutionnalisation du contrôle citoyen de l'action publique par la redevabilité et la digitalisation comme catalyseur de croissance inclusive*, thèse, U-EENI.

Rapports, communications et études

Cessou S. (2015). «Gros plan sur les philanthropes africains», RFI, 25 décembre 2015.

DAMIBA, P. C., (2013). «Le renforcement des capacités : approche conceptuelle, historique et trajectoires», communication à l'occasion du Forum Africapacités 2013 organisé par Diakonia sur la problématique du changement social en Afrique.

Groupe de la BAD (2012). «Cadre d'engagement Banque africaine de développement – Société Civile».

Groupe de la BAD (2023). Rapport financier 2022.

Groupe de la BAD (2024). Plan d'Action pour l'engagement de la Banque africaine de développement avec la société civile.

CHAPITRE 8

Combler le fossé des données : Le cas de l'infrastructure de soutien à la philanthropie en Afrique

Rose Maruru[1]

Les organisations caritatives font partie du tissu social : elles organisent des activités sportives pour les jeunes et fournissent des soins aux personnes âgées, par exemple, ou mènent des recherches et des actions de sensibilisation pour lutter contre la pauvreté et le changement climatique. Également connues sous le nom d'organisations de la société civile (OSC), elles peuvent agir rapidement en temps de crise pour aider les personnes dans le besoin, en complétant les efforts des gouvernements ou en intervenant là où ils sont insuffisants. En réalité, leur rôle est tellement essentiel qu'on les dénomme collectivement le « troisième secteur », le premier et le deuxième étant les secteurs public et privé. En Amérique du Nord et en Europe, les données et les connaissances portant sur ce troisième secteur permettent de développer des politiques de soutien au travail des organisations à but non lucratif et également d'identifier, pour les philanthropes, des partenaires potentiels parmi les centaines de milliers d'OSC. En Afrique, cependant, le secteur est peu documenté. On sait peu de choses sur le nombre de groupes existants, sur leurs lieux d'activité et sur leurs activités. Par conséquent, les donateurs qui cherchent à s'engager auprès des OSC africaines doivent se contenter de recueillir des informations via le bouche-à-oreille.

Dans l'ensemble, le manque de données rend les contributions du secteur civique africain largement invisibles.

---

[1]Rose Maruru est Fondatrice et Directrice générale
De EPIC-Africa

Cela signifie que les OSC méritantes passent à côté d'opportunités de financement. Les Africains ignorent souvent que nombre des droits dont ils jouissent aujourd'hui résultent directement des actions civiques de ces organisations. De plus, ce troisième secteur manque souvent du soutien financier et moral dont il a besoin de la part du public, en particulier lorsqu'il est attaqué par le gouvernement. En outre, l'invisibilité et la fragmentation qui les caractérisent empêchent les OSC de se connecter les unes aux autres, d'apprendre les unes des autres et de tirer parti des avantages des réseaux et des collaborations. Enfin, le manque de connaissance et de reconnaissance de l'impact des OSC perpétue l'image d'un secteur inefficace et uniquement redevable des donateurs étrangers, un point de vue adopté par les gouvernements désireux de restreindre l'espace civique.

Dans ce chapitre, nous mettrons en lumière le cas d'EPIC-Africa, une organisation qui tente de répondre à cette importante question stratégique des données dans le paysage philanthropique africain. Depuis 2017, EPIC-Africa cherche à apporter une plus grande visibilité aux OSC africaines en menant des recherches et en produisant des données et des connaissances de concert avec les OSC du continent. Le 29 juin 2023, EPIC-Africa a lancé sa plateforme des OSC africaines, une nouvelle plateforme en ligne pour faciliter le partage des connaissances, la connexion, l'apprentissage entre les OSC, les bailleurs de fonds et les autres parties prenantes. Ce chapitre retrace le parcours d'EPIC-Africa : ses motivations, le processus et les progrès accomplis, mais aussi les défis, les surprises auxquels l'organisation a dû faire face. Plus largement, nous en apprendrons davantage sur le paysage des OSC africaines, nous ferons entendre leurs voix et découvrirons ce dont elles ont réellement besoin pour s'épanouir individuellement et en tant que secteur.

Les motivations ayant conduit à la création d'EPIC-Africa

L'Afrique abrite un secteur de la société civile dynamique, composé d'une variété d'organisations aux fonctions diverses, variant en taille, en ressources, en typologie organisationnelle et en étendue géographique. Ils représentent un éventail d'expériences historiques, de contextes culturels, d'agendas, d'idéologies, de stratégies et d'approches. Ils comprennent, entre autres, des organisations non gouvernementales, des organisations populaires et professionnelles, des syndicats, des coopératives, des groupes de consommateurs et de défense des droits humains, des associations de femmes, des clubs de jeunes, des radios, des télévisions, des médias imprimés et électroniques indépendants, des coalitions de quartiers et communautaires, des groupes religieux, des institutions académiques et de recherche, des mouvements populaires (*grassroots movements)* et des organisations autochtones.

Ces groupes ont été des participants et des contributeurs actifs et critiques au développement sur l'ensemble du continent, en permettant la sensibilisation, en contribuant au changement sur le terrain par le biais d'agences locales, en apportant souvent des réponses aux crises et en plaidant en faveur de la justice sociale. Dans de nombreux pays, la société civile porte l'attention sur la concentration du pouvoir par une élite restreinte, mais incroyablement riche et sur les tentatives des politiciens et des entreprises de saper les droits humains et la participation des citoyens, et cela, elle les conteste.

Cependant, en contestant les intérêts des puissants, en donnant la parole aux personnes marginalisées et en demandant des comptes aux décideurs, les groupes de la société civile sont souvent attaqués et doivent fréquemment détourner les efforts portés sur les activités premières pour répondre à des menaces existentielles[1]. En outre, l'invisibilité relative des OSC africaines entrave leur croissance et leur efficacité et ne contribue guère à contrer les représentations inexactes selon lesquelles elles seraient faibles ou inefficaces, ne rendraient des comptes qu'aux donateurs extérieurs ou serviraient des « intérêts

[1] CIVICUS, https://www.civicus.org/index.php/socs2015

étrangers ». De telles perceptions peuvent dissuader les Africains de soutenir leurs propres organisations tout en justifiant que les bailleurs de fonds du Nord fassent transiter les fonds destinés à l'Afrique par des organisations non gouvernementales internationales opérant sur le continent au lieu de financer directement les OSC africaines. Il n'est pas facile de savoir quels sont les groupes présents sur le terrain, ce qu'ils font et quelle est leur efficacité. Les institutions et les individus qui cherchent à soutenir les groupes civiques africains recueillent des informations sur les partenaires potentiels en demandant, autour d'eux, une pratique qui peut négliger de nombreuses organisations dignes d'intérêt. En bref, malgré sa contribution considérable au bien-être de l'Afrique, le secteur des OSC du continent reste fragmenté, sous-documenté et mal compris.

Pendant ce temps, les OSC en Afrique sont confrontées à de sérieux défis qui minent leur capacité d'agir, y compris un environnement de financement instable qui inhibe leur capacité à embaucher le personnel dont elles ont vraiment besoin, à mettre en œuvre des pratiques de gouvernance et de gestion efficaces, et à contribuer à d'importants débats nationaux et processus politiques, individuellement et en tant que secteur[1]. Dans notre rapport de 2021 sur l'impact du COVID-19 sur les OSC africaines, 50 % des plus de 1 000 OSC interrogées fonctionnent avec moins de 100 000 USD par an, et la majorité d'entre elles ont cinq employés ou moins[2]. Une enquête antérieure, également réalisée par EPIC-Africa, indiquait que la durée moyenne des subventions était de 18 mois et que 80 % des subventions étaient limitées à un certain projet[3]. Ces limitations signifient que les

---

[1]Grantmakers for Effective Organizations définit le renforcement des capacités comme « le processus de construction et de renforcement des systèmes, des structures, des cultures, des compétences, des ressources et du pouvoir dont les organisations ont besoin pour servir leurs communautés ». Voir, Jennifer Wei, "Lessons and Trends in Nonprofit Capacity Strengthening", Hewlett Foundation, April 19, 2022.
[2]EPIC-Africa, *The Impact of COVID-19 on African CSOs: Ongoing Uncertainty and a Glimmer of Optimism*, 2021.
[3]EPIC-Africa, https://epic-africa.org/en/our-blog/2020/6/29/covid-19-and-african-civil-society-organizations-impact-and-opportunities, 2020.

activités des OSC sont souvent à court terme et à petite échelle, ce qui rend difficile la démonstration de leur impact. De nombreuses OSC se voient également obligées de modifier l'orientation de leurs programmes en fonction des priorités des donateurs. Incapables de maintenir leurs programmes et d'établir un bilan à long terme de leurs réalisations, les OSC peuvent se retrouver avec un déficit de crédibilité.

Au niveau mondial, la société civile est de plus en plus reconnue comme un acteur du développement à part entière. Les fournisseurs d'aide publique au développement et les praticiens sont largement d'avis que le développement ne peut être réalisé efficacement que par la collaboration entre le gouvernement, le secteur privé et la société civile. Pourtant, en Afrique, peu d'investissements ont été consacrés à la mise en place d'une infrastructure de soutien nécessaire pour assurer la résilience du secteur des OSC, une infrastructure qui existe dans d'autres régions du monde, notamment en Europe et en Amérique[1].

Afin de combler cette lacune, EPIC-Africa offre des programmes et des services qui répondent aux problèmes décrits ci-dessus - un manque de visibilité, une capacité organisationnelle insuffisante et un déficit de crédibilité. En tant qu'institution d'appui à l'infrastructure, EPIC-Africa s'est fixé pour objectif de devenir la première source de données et d'informations fiables sur les OSC africaines, dans le but de servir à la fois les bailleurs de fonds et les OSC. L'un des objectifs est d'aider les bailleurs de fonds de tous types à trouver, évaluer et financer plus facilement les OSC africaines directement (par opposition au financement indirect par le biais de groupes internationaux ou intermédiaires). Il est tout aussi important de s'engager à aider les OSC africaines à devenir plus durables et plus influentes. Le renforcement des capacités

---

[1]Selon WINGS, « les organisations d'infrastructure en Afrique sont principalement régionales et leur portée thématique est limitée, ce qui signifie qu'il y a des lacunes importantes dans les renseignements et les informations dont le secteur peut se servir ». WINGS (Worldwide Initiatives for Grantmaker Support), *The Global Landscape of Philanthropy*, January 2018, p. 55.

organisationnelles des OSC est un élément essentiel du travail d'EPIC-Africa.

Dès les premières étapes de la planification, nous avons envisagé de créer un indice de la société civile africaine qui établirait une carte et un classement des OSC sur l'ensemble du continent, dans de multiples secteurs – celui de la santé, des droits humains, du climat et du développement communautaire. Il mesurerait un large éventail d'indicateurs, allant au-delà des questions de diligence juridique et financière qui préoccupent la plupart des bailleurs de fonds, pour s'intéresser aux indicateurs d'efficacité, d'impact et de durabilité des organisations. De cette manière, il pourrait servir à propulser les OSC africaines vers des normes plus élevées de performance, de responsabilité et de transparence, tout en engendrant une plus grande légitimité et un plus grand soutien au niveau local.

La plateforme fournirait des données sur le secteur aux philanthropes et aux OSC africaines et mondiales, ainsi qu'aux donateurs individuels (y compris les particuliers fortunés et la classe moyenne africaine en pleine expansion), aux agences d'aide multilatérales et bilatérales, aux gouvernements, au secteur privé, aux journalistes, aux chercheurs et aux universitaires. Elle pourrait faciliter les réseaux d'OSC en permettant à ces dernières d'identifier d'autres organisations avec lesquelles elles pourraient collaborer pour faire avancer un dossier commun. En outre, la plateforme contribuerait à uniformiser les règles du jeu, en donnant des chances égales aux groupes qui peuvent avoir un impact considérable, mais qui ne sont pas encore bien connus.

Nous avons anticipé une cascade d'effets bénéfiques au fil du temps : une plus grande visibilité rendrait les OSC plus faciles à découvrir et les aiderait à attirer davantage de bailleurs de fonds. Avec un financement plus diversifié et plus régulier, les OSC pourraient éviter le « cycle de famine » (manque de ressources financières), ce qui leur permettrait de devenir moins transactionnelles et d'entreprendre un travail de transformation à long terme[1]. L'accès à l'information sur les OSC performantes inciterait leurs pairs à améliorer leurs performances, à accroître la transparence et la responsabilité dans l'ensemble du secteur. Une reconnaissance plus large de l'impact et de la transparence des OSC augmenterait leur légitimité et leur soutien, ce qui rendrait plus difficile pour les politiciens de limiter l'espace civique. Ce soutien permettrait à la société civile de se tailler un rôle influent dans les débats critiques sur l'avenir du continent.

Le processus et les progrès accomplis

Dans le cadre de ce travail, EPIC-Africa a commandé une étude de cadrage des bases de données existantes sur les OSC africaines et s'est entretenu avec des leaders clés de la société civile africaine afin d'obtenir leur expertise et leurs suggestions[2].

Les résultats de l'étude de délimitation de la base de données

L'étude exploratoire a révélé que, malgré les efforts déployés pour organiser les données sur les OSC africaines, ces données étaient incohérentes, souvent datées et de qualité variable. Certaines, comme celle gérée par l'Association mondiale des organisations non gouvernementales (WANGO), étaient des bases de données globales comprenant plus de 4 000 organisations en Afrique, tandis que d'autres, comme la liste de plus de 900 ONG d'Afrique de l'Ouest gérée par WACSI *(West Africa Civil Society Institute)*, étaient spécifiques à une région ou à un pays d'Afrique. Le fait que la plupart des efforts étaient limités dans leur portée et servaient plus de répertoires a confirmé le besoin d'une base de données panafricaine avec une capacité de recherche robuste et des informations

[1]Gregory, Ann Groggins and Don Howard, https://ssir.org/articles/entry/the_nonprofit_starvation_cycle, Stanford Social Innovation Review, Fall 2009.

[2]Shah, Seema, *Scoping Study: Databases of African CSOs and Prizes for CSO Excellence*, prepared for EPIC-Africa and Foundation Center, January 2018.

organisationnelles détaillées, comme celle qu'EPIC-Africa était en train de planifier.

L'étude exploratoire comprenait également des consultations de parties prenantes avec 18 leaders d'opinion ayant une grande expérience de la société civile et de la philanthropie africaines. Ces entretiens ont permis de dégager des idées et des points de vue importants que nous avons pris en compte. Le premier d'entre eux consistait à définir les OSC de manière plus large. Plutôt que d'inclure uniquement les organisations formelles enregistrées auprès du gouvernement, plusieurs personnes interrogées ont souligné l'importance d'inclure les syndicats, les organisations confessionnelles, les organisations de mouvement social et les petites organisations de base—dont certaines pourraient autrement passer inaperçues.

Deuxièmement, les personnes interrogées ont suggéré que nous examinions comment la plateforme pouvait faciliter l'apprentissage et la collaboration des OSC. Elles y voyaient une opportunité potentielle pour les OSC de se mettre en réseau et de travailler ensemble pour faire avancer des programmes communs, plutôt que de manière cloisonnée. D'autres ont suggéré d'offrir un accès à des outils et à des ressources pour éclairer leur travail. La fonctionnalité de communication de la plateforme pourrait promouvoir le partage des ressources et le travail en réseau entre les OSC elles-mêmes. Ces idées ont conduit EPIC-Africa à développer la plateforme de base de données pour en faire un centre de connaissances et un lieu où les OSC pourraient nouer des liens les unes avec les autres.

Enfin, les parties prenantes ont suggéré des partenariats avec d'autres organisations pour la collecte de données et pour susciter l'intérêt pour la plateforme. Les groupes qui collectent déjà des informations pourraient contribuer à la collecte de données dans des pays spécifiques. Les réseaux et les associations pourraient dynamiser leurs membres et communiquer sur l'intérêt de s'engager dans la plateforme. Plusieurs personnes interrogées ont proposé leur organisation comme partenaire. Au cours des années qui ont suivi l'étude exploratoire, ces partenariats et d'autres se sont avérés précieux, comme nous le verrons plus loin dans ce chapitre.

Les prix d'excellence des OSC africaines

Plus tôt, en 2017, EPIC-Africa a vu une opportunité d'attirer l'attention sur les OSC africaines très performantes par le biais de prix panafricains d'excellence des OSC, une idée qui a également séduit la Fondation Rockefeller, l'un de nos partenaires financiers. En mettant en lumière le travail important des OSC et la rigueur avec laquelle nombre d'entre elles l'accomplissent, nous avons pu amorcer un discours positif sur les OSC africaines. Tout en mettant en lumière des individus très performants, le prix contribue à apporter une visibilité bien nécessaire au secteur dans son ensemble. D'un point de vue pratique, le projet donne à EPIC-Africa une chance de développer et de rendre opérationnelle une base de données tout en donnant aux OSC africaines une bonne raison de participer et de partager leurs données. En collaboration avec notre partenaire technique, *Foundation Center*, nous avons conçu un processus et des outils pour rassembler, stocker et analyser les données des candidatures afin de déterminer les gagnants.

L'étude de délimitation du champ d'application a également fourni des orientations clés à cet égard. Il s'agissait notamment d'envisager de décerner non pas un seul prix, mais plusieurs dans des domaines spécifiques de l'efficacité organisationnelle. Cette insistance sur l'importance du développement organisationnel était une expression directe des valeurs et de la mission d'EPIC-Africa. Cela nous donnerait également l'occasion d'insister sur l'importance du renforcement des capacités organisationnelles en tant qu'investissement stratégique qui favorise la qualité et la mise en œuvre des programmes. Nous savions que la recherche suggère constamment qu'au-delà de l'alignement de la mission, de la planification et de la mise en œuvre d'objectifs clairs, une organisation doit avoir la capacité institutionnelle et une infrastructure saine pour soutenir les initiatives proposées[1]. Le

---

[1]McKinsey & Co, http://www.vppartners.org/sites/default/files/reports/full_rpt.pdf, 2001; Ubels, J., N.-A. Acquaye-Baddoo, and A. Fowler (eds.), *Capacity Development in Practice*, 2010.

prix 2019 de l'excellence des OSC africaines a désigné des lauréats dans huit catégories (voir figure 1) et un grand gagnant[1].

Figure 1. Les lauréats des Prix d'excellence 2019 des OSC africaines

À la mi-2018, après que les tests des utilisateurs ont révélé des défis de conception majeurs dans notre prototype de plateforme de données, y compris un processus d'inscription lourd, il est devenu nécessaire de construire une nouvelle plateforme à partir de zéro. Nous avons engagé iHUB, une entreprise technologique basée au Kenya, et avons travaillé pendant dix semaines pour redessiner et construire une plateforme centrée sur l'humain. Nous avons peaufiné le contenu après avoir effectué des tests auprès des utilisateurs au Sénégal et en Afrique du Sud et avons lancé la plateforme avec l'appel à candidatures le 15 octobre 2018. Notre campagne de sensibilisation intensive via les médias sociaux et les courriels a atteint plus de 6 000 OSC, et nos communiqués de presse à l'échelle de l'Afrique ont suscité une couverture à la radio, à la télévision et en ligne. En conséquence, près de 1 000 OSC de 46 pays se sont inscrites sur la plateforme, et 389 ont soumis des candidatures complètes.

Les lauréats ont été sélectionnés à l'issue d'un processus rigoureux. Le classement initial de tous les candidats a été effectué automatiquement grâce à des algorithmes intégrés à

---

[1] EPIC-Africa, "The 2019 African CSO Excellence Award Winners", n.d.

l'application. Les cinq premiers candidats de chaque catégorie ont été retenus et ont fait l'objet d'une deuxième phase d'évaluation, au cours de laquelle ils ont répondu à d'autres questions et fourni d'autres documents. Les trois premiers candidats de chaque catégorie et les trois premiers du classement général ont ensuite été sélectionnés après évaluation des documents soumis lors de la deuxième étape et ont fait l'objet d'une vérification supplémentaire par le biais d'entretiens vidéo. Tous les candidats présélectionnés ont fait l'objet de trois vérifications de références. Les lauréats ont été sélectionnés à partir de la liste des 24 candidats présélectionnés lors d'une réunion virtuelle du jury qui s'est déroulée sur deux jours à la fin du mois d'avril 2019. Les lauréats ont été annoncés le 22 mai 2019. Grâce à notre partenariat avec GlobalGiving, tous les lauréats ont eu la possibilité de collecter des fonds sur la plateforme internationale de notre partenaire.

Les prix d'excellence des OSC africaines ont permis à EPIC-Africa de démontrer la capacité des données à permettre une meilleure compréhension des OSC individuellement et du secteur dans son ensemble. Ils nous ont permis d'engager une conversation indispensable sur le besoin de transparence et de responsabilité dans le secteur des OSC africaines comme moyen de renforcer ses capacités et sa résilience. Au niveau institutionnel, les prix ont permis à EPIC-Africa de passer d'une « grande idée » à un projet réussi. Cela nous a donné l'occasion d'établir des relations avec des centaines d'OSC à travers le continent, du Sénégal à l'Afrique du Sud, et du Nigéria au Soudan, ainsi que d'engager des conversations avec des bailleurs de fonds potentiels et d'autres partenaires stratégiques.

Développer nos recherches et nos données sur les OSC africaines et au service de ces dernières

L'année suivante, en 2020, EPIC-Africa s'est appuyée sur ces relations pour mener une grande enquête à l'échelle du continent sur l'impact du COVID-19 sur les OSC africaines[1]. À la suite d'un *chat* Twitter que nous avons organisé avec quelque 60 participants de 15 pays, nous avons publié une série de recommandations pour les OSC sur la façon de gérer les problèmes opérationnels et de capacité posés par la pandémie, ainsi que sur les ressources et les sources de financement[2]. Une enquête de suivi en 2021 comprenait une enquête supplémentaire sur l'impact de la pandémie sur les bailleurs de fonds. L'évaluation a été précédée de consultations approfondies avec les OSC et les bailleurs de fonds afin de recueillir leurs avis sur les questions que l'enquête devrait aborder. En octobre 2021, nous avons publié le deuxième rapport sur l'impact du COVID-19 sur les OSC africaines, basé sur les réponses de 1 039 OSC de 46 pays[3]. Ce rapport a fourni des informations exploitables aux bailleurs de fonds et aux OSC, tout en servant d'outil de plaidoyer pour rallier le soutien des bailleurs de fonds et des gouvernements au regard des OSC. Publié à un moment où les bailleurs de fonds continuaient à s'interroger sur la meilleure façon de soutenir leurs bénéficiaires, il a été largement acclamé et continue à être une référence.

Parallèlement, comme les bailleurs de fonds cherchent de plus en plus à consacrer davantage de ressources à des initiatives locales, ils nous ont demandé de cartographier pour eux le paysage des OSC dans différents pays et sur différentes questions[4]. Ce travail de cartographie nous a permis d'identifier et d'être en contact avec des centaines d'OSC travaillant sur un large éventail de questions, qui ont depuis été ajoutées à notre base de données. Il s'agit, par exemple, de plus de 100 OSC

---

[1]EPIC-Africa, https://epic-africa.org/en/our-blog/2020/6/29/covid-19-and-african-civil-society-organizations-impact-and-opportunities, 2020.

[2]EPIC-Africa, "Recommendations for African CSOs during the COVID-19 pandemic," 22 April 2020.

[3]EPIC-Africa, *The Impact of COVID-19 on African CSOs: Ongoing Uncertainty and a Glimmer of Optimism*, 2021.

[4]Ce travail comprend des projets de cartographie pour l'Open Society Foundation, la Campaign for Tobacco Free Kids, la Bill & Melinda Gates Foundation et le Haut-Commissariat des Nations Unies pour les réfugiés.

issues de la cartographie des acteurs de la justice économique à travers le continent, et de près de 300 OSC issues de la cartographie du paysage des OSC dans trois pays du Sahel.

Affiner la plateforme des OSC africaines

D'octobre 2021 à janvier 2022, EPIC-Africa a mené à bien une vaste période de recherche, de collecte d'informations et de consultation des parties prenantes sur la plateforme des OSC africaines. Le travail, au cours de cette phase, a également été nourri par l'étude de cadrage précédente qui a évalué le paysage des données des OSC africaines, ainsi que par les enseignements tirés de nos initiatives antérieures. Les recommandations qui en ont découlé pour la plateforme comprenaient des exigences commerciales pour guider les décisions concernant les priorités, la conception et la structure du projet, ainsi que des spécifications fonctionnelles pour la plateforme. Entre mai et juin 2022, nous avons travaillé avec notre équipe technologique basée à Nairobi et en Afrique du Sud pour planifier la mise en œuvre, y compris la priorisation des modules à construire. La construction proprement dite a commencé en août 2022 et la plateforme « African CSO Platform » a été lancée en juin 2023. Outre la base de données des OSC africaines, la plateforme sert d'espace pour les OSC, les bailleurs de fonds, les individus et d'autres entités pour apprendre, se connecter et partager des informations, y compris des articles. Depuis le lancement, nous avons suivi un parcours d'apprentissage en nous efforçant de faire de la plateforme un espace axé sur la communauté.

Les défis et les surprises

La recherche de données est un défi de taille

Le manque de référentiels centraux fiables et accessibles pour les données sur les OSC et la philanthropie sur le continent est un défi majeur. Les organismes gouvernementaux qui réglementent les OSC, et qui seraient naturellement les principaux dépositaires, ne rendent pas publiques les données qu'ils collectent. Même s'ils le faisaient, les données sont souvent dépassées (pas à jour), incohérentes et la plupart du temps encore sous format papier. Dans d'autres régions comme l'Europe et l'Amérique du Nord, ces données sont facilement accessibles. Aux États-Unis, par exemple, des groupes tels que Candid et Charity Navigator téléchargent des données publiques sur des milliers d'OSC directement à partir de l' « Internal Revenue Service ». Les bailleurs de fonds, qui collectent également des données sur les OSC par le biais de processus de demande de subvention et d'exercices de cartographie, publient rarement les données qu'ils collectent. Les réseaux d'OSC, autre source potentielle de données, ont souvent du mal à conserver des informations complètes et actualisées sur leurs membres.

En l'absence de sources de données nationales crédibles, la collecte, la validation et la mise à jour des données constituent également un défi majeur, même pour les organisations bien établies. Par exemple, EPIC-Africa a récemment été contactée par un important fournisseur de renseignements sur le développement mondial pour explorer cette question alors qu'il s'efforce de valider et de mettre à jour sa base de données de milliers d'OSC africaines. En effet, ceux qui recherchent des informations sur les OSC africaines sont encore plus susceptibles de s'appuyer sur le bouche-à-oreille, une situation qui a peu changé depuis l'évaluation des bases de données des OSC africaines réalisée par EPIC-Africa en 2018.

Les partenariats sont essentiels

Dans ce contexte, EPIC-Africa a constaté que les partenariats sont essentiels à la réussite de la collecte de données. En effet, cette stratégie - forger des partenariats avec un éventail d'organisations et d'individus influents - nous a d'abord permis de mobiliser un grand nombre de candidats pour les prix d'excellence des OSC africaines. Depuis lors, nous nous sommes appuyés sur ces alliés et ces partenariats pour combler nos propres lacunes en matière de capacités, étendre notre portée et exploiter de nouveaux réseaux. Nous devons notre succès à l'intelligence collective qui découle de l'engagement de divers partenaires.

Volonté d'engagement des OSC

Grâce à notre étude exploratoire et à nos premières discussions avec les OSC, nous savions que les groupes étaient ouverts à notre travail, mais nous avons été surpris de voir à quel point les OSC africaines étaient disposées à partager des données les concernant. Nous pensons que c'est le résultat de l'importance que nous accordons à l'établissement de partenariats importants et à la réalisation d'une vaste campagne de sensibilisation, ainsi que de notre investissement dans le développement d'outils en ligne conviviaux. Le fait que la première édition des prix d'excellence africains ait attiré près de 400 candidats de 45 pays est un témoignage fort de cette hypothèse, tout comme le fait que plus de 2 000 OSC de 46 pays aient répondu à nos enquêtes sur l'impact du COVID-19 sur les OSC africaines. Ce travail, ainsi que d'autres, a attiré sur notre plateforme à la fois des groupes établis et de nombreuses organisations nouvelles et inconnues. Cela nous indique que le secteur de la société civile est désireux d'être vu et entendu.

Il est important de noter que la forte réaction de la communauté des OSC africaines aux prix et aux enquêtes sur l'impact du coronavirus a montré que le secteur était prêt à adopter des pratiques de transparence et à faire preuve de responsabilité[1]. Cela a des conséquences positives sur la viabilité à long terme du secteur, étant donné que la recherche montre que les donateurs donnent davantage aux organisations transparentes. Nous avons également observé, dans les commentaires écrits et les entretiens avec les dirigeants des OSC, un désir ardent pour la communauté et les opportunités d'apprentissage. Lorsqu'on lui a demandé ce qu'il souhaitait voir se développer, un répondant a écrit : « Collaboration et renforcement des capacités ». Nous devons partager non seulement les ressources, mais aussi les expériences. Cependant, l'infrastructure nécessaire pour soutenir les OSC africaines dans leurs efforts pour devenir

---

[1]Voir, par exemple, Erica E. Harris and Daniel Neely, https://journals.sagepub.com/doi/full/10.1177/0148558X18814134, *Journal of Accounting, Auditing & Finance*, Vol. 36, Issue 1, 3 December 2018.

plus connectées et plus transparentes n'en est qu'à ses débuts. Heureusement, un groupe restreint, mais croissant de groupes d'infrastructure dirigés par des Africains, dont EPIC-Africa, a commencé à fournir ce type de soutien au secteur.

Nous avons constaté un réel besoin d'informations et de services, un désir d'échange avec des pairs, des possibilités d'alliances et une volonté d'investir dans le renforcement des capacités organisationnelles.

Qui finance les OSC africaines ?

Les données que nous avons recueillies sur les bailleurs de fonds des OSC africaines ont peut-être été la plus grande surprise pour nous. Nos enquêtes et recherches montrent que les particuliers figurent parmi les trois principales sources de financement. Par exemple, 61 % des personnes interrogées dans le cadre de notre enquête d'impact COVID-19 en 2021 ont déclaré que les donateurs individuels constituaient leur principale source de financement[1]. Pourtant, le discours populaire, même parmi les chercheurs en philanthropie africaine, est que les Africains ne donnent pas aux OSC et que le secteur dépend en grande partie des financements étrangers. Qui plus est, la plupart de ces recherches traitent le secteur comme homogène. Nos données ventilent les OSC en fonction de leur domaine d'intervention, de la nature de leur travail, de leur taille, etc. Ce faisant, les données capturent une incroyable diversité d'acteurs dans le secteur. EPIC-Africa commence à développer une hypothèse ancrée dans cette diversité, qui suggère que les OSC qui dépendent des financements étrangers sont les plus grandes, basées en ville et travaillant au niveau national, tandis que la majorité, qui sont basées au sein de la communauté, sont largement soutenues par des individus dans leurs communautés.

---

[1]EPIC-Africa, https://static1.squarespace.com/static/5638d8dbe4b087140cc9098d/t/617aa205267bb74562c1eedd/1635426839723/EPIC-Africa+The+Impact+of+COVID-19+on+African+Civil+Society+Organizations+OCTOBER+2021+REPORT+%284%29.pd, 2021, p. 12.

Changement de contexte

Enfin, l'évolution du contexte mondial a eu des effets profonds sur le secteur des OSC africaines et sur le travail d'EPIC-Africa. La pandémie de COVID-19 a galvanisé l'élan autour des appels à « déplacer le pouvoir », « décoloniser l'aide » et « localiser » le financement dans le cadre d'un mouvement mondial pour la justice raciale et sociale. En effet, la pandémie a mis en évidence la nécessité pour les OSC africaines d'être bien financées et soutenues. Lorsque les principaux acteurs internationaux se sont retirés du continent au début de la pandémie, les OSC africaines ont dû puiser dans leurs budgets déjà dépassés pour appuyer les interventions sanitaires et humanitaires des gouvernements. Ces contributions ont renforcé la nécessité de mettre en place des OSC africaines solides, bien soutenues et efficaces pour répondre aux crises et aux besoins quotidiens des communautés locales[1].

En conséquence, nous avons constaté que les bailleurs de fonds s'engageaient de plus en plus à transférer davantage de ressources et de pouvoir de décision aux groupes locaux. Ce changement dans le comportement des bailleurs de fonds est significatif et sans précédent. Il promet de lever des obstacles majeurs qui ont longtemps étouffé la croissance et l'impact des OSC africaines. Le transfert de pouvoir et de ressources par les bailleurs de fonds représente une rare opportunité pour les OSC africaines de libérer leur agence et leur potentiel, et de revendiquer la place qui leur revient de droit sur la scène du développement aux niveaux national et mondial.

Mais la recherche, l'évaluation et le financement direct des OSC africaines restent un défi pour de nombreux bailleurs de fonds. Par conséquent, la demande de données et de connaissances sur les OSC africaines s'est accrue. EPIC-Africa est de plus en plus sollicité par les bailleurs de fonds pour les

---

[1]Dans divers endroits du globe, les restrictions croissantes imposées par les gouvernements aux activités des OSC ont conduit CIVICUS à appeler à « une vaste campagne visant à faire reconnaître les rôles vitaux joués par la société civile dans les conflits et la réponse aux crises ». CIVICUS, *2023 State of the Civil Society Report*, 2023

aider à identifier des partenaires potentiels. Dans le même temps, plusieurs entités basées dans le Nord (dans les pays occidentaux), y compris des ONG internationales, ont commencé à se positionner pour combler le manque de données. Il est donc essentiel que les groupes de soutien à l'infrastructure dirigés par des Africains s'ancrent en tant que leaders dans l'espace de données et de connaissances des OSC africaines.

Ce que nous avons appris sur ce dont les OSC africaines ont besoin pour prospérer

Durabilité financière : les OSC africaines manquent de ressources

Il est reconnu depuis longtemps que les OSC africaines manquent de ressources, ce qui entrave leur capacité à être plus efficaces et à étendre et pérenniser leur impact. Cette réalité s'est reflétée dans l'enquête 2021 d'EPIC-Africa sur l'impact du COVID-19 : entre 2018 et 2021, le budget annuel moyen de 82,2 % des OSC interrogées était inférieur à 1 million de dollars US, et près de 50 % d'entre elles disposaient de moins de 100 000 dollars US. En outre, la nature des financements est imprévisible, à court terme et limitée à un projet particulier.

Cette situation limite la capacité des organisations à anticiper et à répondre rapidement aux nouveaux développements. Il leur est également difficile d'investir dans la mise en place d'une infrastructure organisationnelle solide, ce qui les rend extrêmement vulnérables aux chocs extérieurs tels que le COVID-19. Sans un financement adéquat, flexible et à long terme, peu d'OSC ont les moyens d'attirer et de retenir suffisamment de personnel expérimenté, de mettre en place une gouvernance et des systèmes opérationnels efficaces, ou de mesurer, de documenter et de partager leur impact. Il s'agit là de certaines des lacunes que les bailleurs de fonds citent souvent comme " risquées " lorsqu'ils financent des OSC africaines. Il n'est pas surprenant que notre enquête de 2021 ait révélé que les OSC disposant de budgets plus importants étaient en mesure de mieux résister à l'impact du COVID-19 sur leurs activités.

Les OSC ont besoin d'un financement et d'un soutien plus souples

Fait positif, de nombreuses OSC ont fait état d'une plus grande souplesse dans leurs relations avec les donateurs, notamment en matière de consultation, de collaboration et de soutien institutionnel. Elles ont également constaté une plus grande flexibilité en termes d'obligations de *reporting*, de prolongation des subventions et d'objectif des subventions (la possibilité de convertir un financement de projet en un financement opérationnel, par exemple)[1]. Les OSC ont été encouragées par la flexibilité des financeurs et leur volonté de les soutenir davantage dans un environnement difficile, 67 % des répondants estimant que ces changements avaient le potentiel de transformer leur engagement avec les financeurs. Cette expérience, qui intervient à un moment où un certain nombre de donateurs importants accordent davantage de soutien sans restriction, pourrait donner de l'élan aux appels en faveur d'un changement dans les relations de pouvoir et les pratiques d'octroi des subventions. Ces nouvelles pratiques, si elles sont maintenues, pourraient également conduire à une augmentation des subventions dirigées par les communautés, basées sur la confiance et la participation. En s'appuyant sur l'expertise de ceux qui sont directement concernés par les problèmes abordés, ces nouveaux types d'octroi de subventions ont le potentiel d'accroître l'impact philanthropique.

Capacité organisationnelle et bien-être du personnel

Le COVID-19 a exacerbé d'autres défis organisationnels et opérationnels qui entravent depuis longtemps le secteur, selon 82,8 % des personnes interrogées dans le cadre de notre enquête. Parmi les lacunes les plus critiques qu'elles ont soulignées

---

[1]EPIC-Africa, https://static1.squarespace.com/static/5638d8dbe4b087140cc9098d/t/617aa205267bb74562c1eedd/1635426839723/EPIC-Africa+The+Impact+of+COVID-19+on+African+Civil+Society+Organizations+OCTOBER+2021+REPORT+%284%29.pdf" 2021, p. 25.

figurent la collecte de fonds, le bien-être du personnel, les finances et l'administration, la gestion des risques, les communications et la technologie. En conséquence, 80,9 % des personnes interrogées ont estimé qu'elles n'étaient pas préparées à faire face aux perturbations causées par le COVID-19. Le renforcement de ces domaines devra être une priorité non seulement pour les OSC, mais aussi pour les bailleurs de fonds, qui devront également réserver un soutien plus spécifique à cet égard.

La pandémie de coronavirus a également mis en évidence la nécessité d'accorder une plus grande attention au bien-être du personnel, un domaine d'intérêt relativement nouveau par rapport aux secteurs à but non lucratif d'autres régions du monde. Outre la protection du personnel contre la maladie, les OSC africaines ont dû soutenir ceux qui tombaient malades ou perdaient des collègues ou des membres de leur famille. Cette situation a entraîné des niveaux de stress et d'anxiété sans précédent parmi le personnel, ainsi qu'une augmentation des coûts. Là encore, la capacité des OSC à soulager leur personnel dépendait principalement de leur taille et de leurs ressources. Plus de 80 % des répondants ayant un effectif de 50 personnes et plus (ainsi que des budgets plus élevés) ont mis en place des mesures pour gérer le bien-être du personnel, contre seulement 56,4 % des OSC ayant un à cinq membres du personnel et un budget annuel inférieur à 100 000 USD.

Un rôle de premier plan, peu reconnu

Pendant la pandémie, les OSC africaines étaient en première ligne pour soulager les souffrances. Alors même qu'elles luttaient pour leur propre survie en raison des déficits de financement, 83,4 % des répondants à l'enquête ont déclaré avoir ajouté de nouvelles activités de programme en réponse au COVID-19[1]. Ce rôle a conduit à une reconnaissance accrue du

---

[1]EPIC-Africa,
https://static1.squarespace.com/static/5638d8dbe4b087140cc9098d/t/617aa205267bb74562c1eedd/1635426839723/EPIC-Africa+The+Impact+of+COVID-

rôle essentiel des OSC dans la société, et certains ont émis l'hypothèse que cette reconnaissance pourrait avoir un effet durable. En 2020, par exemple, 45,1 % des répondants à l'enquête ont estimé que la pandémie donnerait naissance à un secteur plus robuste et plus agile. En 2021, 41,1 % des répondants ont exprimé ce niveau d'optimisme[1].

Dans l'ensemble, les OSC africaines ont encore du mal à démontrer leur impact, car leurs activités ont tendance à être à court terme et à petite échelle. Elles sont également contraintes de changer d'orientation en fonction des priorités des bailleurs de fonds. Ainsi, leurs activités manquent souvent de continuité ou de résultats à long terme. Incapables alors de maintenir des programmes à forte valeur ajoutée et d'établir un bilan de leurs réalisations, de nombreuses OSC se retrouvent en déficit de crédibilité.

Un environnement opérationnel restrictif

Même avant la pandémie, l'environnement juridique et réglementaire dans lequel les OSC opèrent devenait déjà de plus en plus restrictif dans de nombreux pays africains[2]. Cette situation est particulièrement vraie pour les OSC qui cherchent à informer et à responsabiliser les citoyens sur leurs droits et à plaider pour des gouvernements plus ouverts et plus réactifs aux

---

19+on+African+Civil+Society+Organizations+OCTOBER+2021+REPORT+%284%29.pdf" 2021, p. 30.

[1]EPIC-Africa, https://static1.squarespace.com/static/5638d8dbe4b087140cc9098d/t/617aa205267bb74562c1eedd/1635426839723/EPIC-Africa+The+Impact+of+COVID-19+on+African+Civil+Society+Organizations+OCTOBER+2021+REPORT+%284%29.pdf" , 2021, p. 30.

[2] Selon l'indice mondial de la philanthropie et de l'environnement : « La majorité des pays africains n'ont pas encore mis en place d'incitations fiscales pour la philanthropie ; dans de nombreux pays, les ONG sont considérées comme anti-gouvernementales, ce qui rend difficile leur soutien par les philanthropes, et le manque de stabilité de la majorité des monnaies africaines affecte négativement le niveau des dons. » IUPUI, Global Philanthropy and Environment Index, 2022.

besoins des citoyens. Les mesures de restriction introduites par les gouvernements en réponse au COVID-19 ont encore réduit la capacité des OSC à mener à bien leurs programmes habituels et leurs nouvelles activités.

La situation est pire en Afrique du Nord et en Afrique centrale, où 61,9 % et 59,7 % des personnes interrogées, respectivement, ont indiqué que l'espace civique s'était rétréci, par rapport à l'Afrique de l'Est (49,6 %), à l'Afrique australe (45,9 %) et à l'Afrique de l'Ouest (41,4 %)[1]. Au sein des régions, certains pays ont fait état de niveaux d'impact plus élevés que les chiffres régionaux. Certaines OSC ont également exprimé la crainte que les mesures d'urgence ne deviennent permanentes, restreignant davantage les droits civiques et politiques bien au-delà de la pandémie.

Une meilleure connaissance de l'impact et du rôle vital du secteur - y compris sa contribution aux économies du continent - peut aider à inverser ce scénario. Plus le soutien au secteur augmentera, plus son influence et sa capacité à plaider en faveur de politiques créant des environnements plus favorables aux OSC africaines et à la philanthropie africaine augmenteront[2].

Conclusion

Un nombre croissant d'organisations et d'institutions basées en Afrique et dirigées par des Africains, dont EPIC-Africa, s'efforcent de renforcer le secteur dans son ensemble. Cependant, alors que l'importance de ce travail est reconnue dans d'autres régions du monde telles que l'Europe et l'Amérique du Nord, il a reçu relativement peu de soutien en Afrique. En fait,

[1]EPIC-Africa, The Impact of COVID-19 on African CSOs: Ongoing Uncertainty and a Glimmer of Optimism, 2021, p. 31

[2]Selon WINGS, « une infrastructure philanthropique sous-développée dans un pays ou une région signifie que le secteur manquera d'une voix collective et d'une image cohérente de lui-même". WINGS, The Global Landscape of Philanthropy, January 2018, p. 57.

un rapport de 2018 de (WINGS) a révélé que 80 % du financement des infrastructures se fait en Amérique du Nord[1].

Comme ce chapitre cherche à plaider en faveur d'un soutien accru à ce travail, il est important de comprendre ce qu'il implique, soit une infrastructure de soutien dynamique et diversifiée impliquant différents types d'institutions qui fournissent une gamme de services aux bailleurs de fonds et aux OSC[2]. Il s'agit par exemple de :

- La production de données et de connaissances sur les OSC et les bailleurs de fonds, y compris des bases de données comme celle d'EPIC-Africa et d'autres mentionnées ci-dessus, ainsi que des outils visant à promouvoir les meilleures pratiques (parmi les exemples extérieurs à la région, citons Candid et Charity Navigator).
- Des espaces de collaboration et d'échanges entre bailleurs de fonds, par le biais d'associations de membres telles que le Réseau africain de philanthropie (African Philanthropic Network) et d'initiatives telles que l'effort de TrustAfrica et de l'UAF-Africa pour réunir des groupes afin de réimaginer les philanthropies panafricaines et féministes ; une capacité à plaider auprès des décideurs politiques en faveur d'un environnement favorable au secteur.
- Des espaces permettant aux OSC de se connecter, de collaborer à des objectifs communs, d'acquérir des compétences et de s'informer sur les questions qui les concernent, actuellement limités à des collaborations entre bailleurs de fonds ou à des groupes tels que TrustAfrica, ainsi qu'à des plateformes en ligne hébergées par EPIC-Africa et Adeso.

---

[1]WINGS (Worldwide Initiatives for Grantmaker Support), http://wings.issuelab.org/resources/26486/26486.pdf, 2017, p. 33.

[2]Selon WINGS : «Les rôles clés des organisations d'infrastructure vont de la représentation et du plaidoyer à la recherche et à la collecte de données, au partage des meilleures pratiques, à la formation et à la convocation. Elles peuvent également introduire de nouvelles idées dans le secteur, soulever des questions difficiles et favoriser la collaboration». WINGS, The Global Landscape of Philanthropy, January 2018, p. 5.

- La recherche et la formation par l'intermédiaire d'institutions universitaires telles que le Centre sur la philanthropie africaine et l'investissement social de la Wits Business School de Johannesburg (parmi les exemples d'autres régions, citons le Réseau canadien de recherche en partenariat sur la philanthropie, PhiLab, et la Lily Family School of Philanthropy).
- Les médias philanthropiques qui informent les bailleurs de fonds et les OSC des développements et des réflexions dans le secteur (parmi les exemples d'autres régions, citons Devex, Chronicle of Philanthropy et Philanthropy Insider aux États-Unis et le magazine Alliance en Europe).
- Les sociétés spécialisées dans la fourniture de services aux organisations à but non lucratif et aux bailleurs de fonds, qu'il s'agisse de comptabilité, d'assistance juridique ou de conseil en philanthropie. Il s'agit d'un domaine relativement nouveau pour le continent.

La liste ci-dessus n'est pas exhaustive et tous ces éléments ont besoin de ressources s'ils doivent se fondre dans un écosystème véritablement dynamique qui soutient le secteur. Nous sommes encouragés par certaines tendances récentes.

Premièrement, la demande de données et de connaissances est importante et croissante. Alors que la « localisation » gagne du terrain et que les bailleurs de fonds s'engagent de plus en plus à canaliser davantage de ressources directement vers les organisations locales, l'intérêt pour les données et les informations exploitables basées sur les données est en hausse[1]. Des fondations philanthropiques privées aux agences de développement multilatérales et bilatérales, les bailleurs de fonds cherchent des moyens de trouver, d'évaluer et de financer facilement les organisations locales, directement ou par le biais d'intermédiaires locaux. Parallèlement, ils cherchent de plus en plus à comprendre l'écosystème de soutien du continent, y compris les entités qui fournissent des services tels que la

---

[1]Maruru, Rose, https://www.alliancemagazine.org/blog/an-african-civil-society-perspective-on-localizing-international-funding Alliance Magazine, 14 November 2022.

réattribution de subventions, la recherche, la stratégie, le suivi, l'évaluation et l'apprentissage.

Deuxièmement, dans le sillage de la pandémie de COVID-19, de nombreux bailleurs de fonds ont fait preuve d'une flexibilité sans précédent, ont fourni des ressources supplémentaires et, dans certains cas, ont cédé davantage de pouvoir de décision à leurs bénéficiaires. Ces nouvelles expériences, associées à une tendance à « localiser » davantage les financements, ont mis davantage l'accent sur le secteur dans son ensemble et sur l'écosystème qui le soutient. Il est possible de promouvoir un programme de localisation qui inclut le financement d'organisations qui fournissent des outils et des services permettant aux OSC de prospérer. En effet, sans une infrastructure de soutien philanthropique solide et enracinée localement, les efforts récents et positifs des bailleurs de fonds pour transférer le pouvoir et diriger davantage de ressources vers les OSC africaines pourraient être minorés.

Troisièmement, il est de plus en plus admis que le soutien aux infrastructures est un bien public qui profite à tous les bailleurs de fonds et qui, à ce titre, se prête à une initiative multi-bailleurs de fonds. Le leadership et les champions en la matière sont encore nécessaires pour faire avancer l'agenda de l'infrastructure philanthropique. Mais la conversation est en cours. Les données, la documentation, le développement des connaissances et la narration sont des thèmes qui reviennent régulièrement dans les conversations sur la philanthropie menées par les Africains[1]. Ils sont considérés comme essentiels pour amplifier les voix africaines au niveau local et mondial, promouvoir de nouveaux récits et susciter des changements transformateurs.

---

[1]Il s'agit notamment du travail philanthropique panafricain et féministe mené par Urgent Action Fund/Africa et TrustAfrica, d'une discussion sur « l'écosystème des acteurs du soutien philanthropique en Afrique de l'Est », menée par le réseau philanthropique d'Afrique de l'Est (EAPN) et d'une session sur l'exploitation des données pour inspirer les dons philanthropiques en Afrique lors de l'assemblée de novembre 2022 du réseau philanthropique africain, codirigée par EPIC-Afrique et *Giving Tuesday Africa*.

Enfin, nous proposons quelques réflexions sur la manière dont les différents acteurs peuvent renforcer le secteur de la société civile et accroître l'impact philanthropique.

Les bailleurs de fonds peuvent :

- soutenir le développement des institutions, notamment en renforçant l'infrastructure philanthropique locale ;
- accorder des subventions non affectées, flexibles et à long terme ;
- réunir les donateurs pour recenser les lacunes en matière de soutien aux infrastructures et élaborer un plan pour combler ces lacunes ;
- faire confiance aux OSC africaines et partager le pouvoir ;
- financer directement les OSC africaines ;
- soutenir les réseaux et travailler avec eux.

Les gouvernements peuvent :

- créer un environnement favorable à la société civile et à la philanthropie, y compris un environnement réglementaire favorable ;
- financer les OSC, en particulier celles qui comblent les lacunes des services laissés par le gouvernement ;
- reconnaître et inclure les OSC dans les réponses nationales aux situations d'urgence et dans les efforts de développement à long terme.

Les OSC peuvent :

- organiser, collaborer, consolider et créer des réseaux et des plateformes ;
- continuer à être proactives, à exercer une influence, à anticiper et à planifier ;
- renforcer la visibilité et faire preuve de responsabilité et de transparence pour accroître la crédibilité ;
- adopter et exploiter la technologie ;
- diversifier les financements et explorer de nouveaux modèles d'organisation et de financement.

CHAPITRE 9

Philanthropie, innovation sociale et développement de l'Afrique

Jean-Claude Kouadio, Anaïs Del-Bono
et Saouré Kouamé[1]

La philanthropie dans son assertion la plus populaire est associée au don. Autrement dit, la plupart des définitions courantes de la philanthropie renvoient à la capacité de lever des fonds ou de mettre à disposition des moyens financiers en vue de résoudre un certain nombre de problèmes sociaux dans l'optique de contribuer au développement. Par exemple, l'OCDE met l'emphase sur le fait « qu'être philanthrope renvoie aux largesses de riches donateurs particuliers », c'est-à-dire à la générosité des grandes fortunes en matière de don financier (OCDE, 2020, p.12). D'autres définitions mettent l'accent sur l'entraide et le soutien aux personnes dans le besoin via des dons et levées de fonds auprès de la collectivité (Ba et al, 2000). Cette façon de définir la philanthropie laisse croire que celle-ci se limite uniquement aux ressources financières que l'on mobilise pour les mettre à la disposition d'un tiers. Ce chapitre présente les limites d'une telle approche, en soulignant que les ressources financières en elles-mêmes ne peuvent avoir un impact significatif, en termes de développement, que si elles sont utilisées de manière appropriée. Nous avançons l'idée que la contribution de la philanthropie au développement des pays africains se fera avant tout via les innovations sociales.

---

[1]Jean-Claude Kouadio est Chercheur post-doctorat en sociologie à l'Université de Rennes, France
Anaïs Del Bono est Doctorante en management à HEC Montréal, Canada
Saouré Kouamé est Professeur agrégé de stratégie à l'École de gestion Telfer de l'Université d'Ottawa, Canada

Dans un secteur philanthropique qui a des ressources limitées, faire un usage créatif et stratégique des ressources via des innovations sociales permettra de faire la différence. La capacité d'innovation sociale, c'est-à-dire la capacité des acteurs philanthropiques à développer des solutions innovantes pour résoudre les grands enjeux et défis, est une condition importante pour espérer un impact de la philanthropie sur le développement du continent africain. Les dons (ressources) investis ne sont que des facilitateurs de cette capacité d'innovation sociale pour atteindre les objectifs du développement. Nous discutons ici des enjeux et formes que peut prendre cette capacité d'innovation sociale.

L'innovation sociale et le développement

L'idée que l'Afrique a besoin de transformations sociales, environnementales et économiques pour impulser son développement a été largement documentée par les experts du développement. Par exemple, Carlos Lopes et George Kararach (2020), deux experts reconnus dans les stratégies de développement de l'Afrique, soutiennent que la transformation structurelle est la condition centrale pour le développement de ce continent, incluant des transformations dans les modes de production, dans les systèmes de gouvernance, dans les modes de financement, mais également pour tous les leviers socio-économiques qui favorisent ce développement. Notre but n'est pas de détailler ici ces arguments, mais plutôt de discuter en quoi 1) ces transformations nécessitent le développement de la capacité d'innovation sociale sur le continent, et dans quelles mesures 2) les acteurs philanthropiques peuvent y jouer un rôle très significatif, voire central.

Les sociologues approchent l'innovation sociale sous l'angle des innovations qui favorisent une transformation sociale à travers des changements dans les relations économiques, sociales et culturelles (Andrew & Klein, 2010). Les praticiens ont de leur côté donné une définition plus opérationnelle. C'est, par exemple, le cas du Réseau québécois en innovation sociale (RQIS) qui appréhende les innovations sociales comme des approches ou interventions, services, produits, lois, types d'organisation pour répondre plus adéquatement et plus durablement à des besoins sociaux ; comme des innovations dont la portée est transformatrice et systémique. Toutes ces définitions convergent vers le fait que le but ultime d'une innovation sociale est d'être un levier de transformation systémique et d'amélioration des conditions de vie.

L'innovation sociale doit cependant être approchée dans une perspective plus large lorsqu'on veut comprendre son impact sur le développement d'un continent. Le mot « sociale » derrière « innovation » peut conduire à une vision restreinte de l'innovation sociale, en se focalisant essentiellement sur les services sociaux à l'endroit des bénéficiaires. Les innovations sociales vont bien au-delà et peuvent concerner le système économique. Par exemple, l'introduction des pratiques d'économie sociale et solidaire est une forme d'innovation sociale qui touche en partie la sphère économique. Les innovations sociales peuvent aussi concerner les structures qui sous-tendent l'économie traditionnelle, telles que les innovations pour transformer les institutions qui encadrent le secteur industriel. Certaines innovations industrielles peuvent également prendre le statut d'innovations sociales lorsqu'elles contribuent à résoudre des problèmes sociaux importants. Par exemple, l'introduction du véhicule électrique est considérée comme une innovation sociale importante vu son potentiel transformationnel pour résoudre les problèmes environnementaux au niveau mondial. De manière similaire, l'introduction du *Mobile Money* en Afrique, soit l'utilisation des téléphones mobiles pour faire des transactions financières (M-PESA au Kenya), est considérée comme une innovation sociale (Urama & Acheampong, 2013)[1], vu les retombées pour la prospérité des nations africaines, y compris la manière dont celle-ci tend à favoriser l'inclusion financière.

Au regard de son potentiel d'impact, l'innovation sociale est devenue, ces dernières années, une pratique encouragée au niveau international, via des organisations telles que la Schwab

---

[1]Urama, K. C., & Acheampong, E. N. (2013). Social Innovation Creates Prosperous Societies. *Stanford Social Innovation Review,* 11(3), A9–A11. https://doi.org/10.48558/AP7A-Y587

Foundation reliée au forum économique mondial. Certains pays ou régions du monde en ont fait une partie de leur stratégie nationale (par exemple, le Canada). L'Afrique n'est pas en reste de ce mouvement. Certaines initiatives telles que le LEAP Africa (*Social Innovators Programme*) ou le SIA (*Social Innovation Africa*) sont dédiées à renforcer la capacité d'innovation sociale sur le continent.

Nécessité d'un changement de paradigme chez les acteurs philanthropiques

Appliquée au monde de la philanthropie, l'innovation sociale renvoie à l'idée d'une rupture avec la pensée traditionnelle de la philanthropie qui a tendance à mettre l'accent sur le don et la cause à soutenir (OCDE, 2018). Dans cette perspective, la réussite de l'action philanthropique se mesure par le niveau de dons collectés et par le fait que les ressources financières soient allouées dans des causes. Ceci est particulièrement observable en Afrique où les pratiques et le discours sur l'innovation sociale sont peu présents dans les milieux philanthropiques à l'exception de quelques exemples que nous évoquerons plus loin. En général, lorsqu'on demande aux acteurs philanthropiques du continent d'énumérer leurs défis et priorités, ils précisent en premier lieu le besoin de collecter plus de dons et de disposer de plus de ressources financières pour leurs projets et programmes. Bien que cette réponse soit logique et légitime, nous arguons ici du fait que la pensée traditionnelle doit se renouveler en mettant au premier plan la question de l'innovation sociale.

L'altruisme philanthropique n'a de sens que si les ressources mobilisées servent à résoudre les problèmes sociaux qui motivent les dons. La capacité d'innovation sociale est celle qui fait la différence entre les organisations philanthropiques qui ont de l'impact et celles qui en ont moins. Il n'est pas rare de voir de petites organisations philanthropiques accomplir des activités avec un impact transformationnel substantiel, et inversement, de grandes organisations philanthropiques disposant de grands moyens financiers arriver à des résultats modérés en raison de leur capacité limitée d'innovation. Bien au-delà de leur propre capacité d'innovation, les organisations philanthropiques peuvent jouer un rôle important dans l'innovation sociale sur un territoire donné en soutenant des innovateurs sociaux.

Dans ces conditions, les ressources financières (les dons) interviennent en seconde position pour soutenir, accompagner les stratégies mises en place par les organisations philanthropiques afin d'atteindre des résultats escomptés. Autrement dit, l'impact que les organisations philanthropiques peuvent avoir sur le développement et l'amélioration des conditions de vie des populations doit avant tout être tiré par un besoin de transformation via l'innovation sociale. Pour ce faire, les organisations philanthropiques disposent d'un éventail d'approches que nous regroupons ici en trois types : innovation organique (« faire soi-même ») ; innovation collaborative (« faire avec ou via les autres ») et écosystème d'innovation (« orchestrer ou soutenir un réseau d'innovateurs »).

Innovation organique : faire soi-même

En 2021, la fondation Ecobank a introduit une innovation dans ses pratiques philanthropiques (le don par ses clients), qui a donné des résultats surprenants bien au-delà de ce qui était espéré[1]. Au lieu de se focaliser uniquement sur les dons financiers de ses clients comme le font d'habitude certaines organisations, elle a intégré le don en nature. Ce genre d'innovations que nous appelons *organiques*, c'est-à-dire impulsées par les idées innovantes des membres de l'organisation pour avoir un impact plus significatif, devrait être la norme. Toutefois, cela n'est pas toujours le cas. Cette fondation Ecobank qui est l'une des plus anciennes fondations du secteur privé sur le continent africain a, pendant longtemps, utilisé une approche classique avec des financements sous forme de mécénat financier. Elle a notamment choisi de soutenir le programme de lutte contre le paludisme, un enjeu prégnant sur le continent en matière de santé publique. Elle a ainsi investi des montants importants (près d'un million de dollars) pour soutenir

---

[1] Les cas présentés dans cette section, Fondation Ecobank et Fondation Rentrée du Cœur, ont été reconstitués à partir d'entrevues avec des dirigeants.

le Fond mondial de lutte contre le paludisme. Toutefois, ces dons étaient minimes comparés à ceux des gros bailleurs internationaux, si bien que les dirigeants ont réfléchi à la façon d'avoir plus d'impact dans la lutte contre le paludisme malgré des moyens limités. La première idée a été de mobiliser son réseau de clients entreprises (qui sont parmi les plus grandes entreprises dans les 35 pays où la banque est présente) pour des dons financiers plus substantiels, via le *matching fund*, une pratique bien présente dans les pays anglo-saxons qui revient à *matcher* le don fait par les clients avec le don de l'entreprise. Cela a donné des résultats décevants. Les entreprises sollicitées avaient du mal à comprendre cette pratique d'origine anglo-saxonne, et avaient du mal à justifier un tel don financier auprès de leurs actionnaires vu le contexte de crise de COVID-19 et d'autres enjeux macroéconomiques qui les affectaient.

De là est née une idée simple qui a été de recourir aux « dons en nature ». Cette expérimentation a été conduite simultanément dans 5 pays (Sénégal, Burkina Faso, Bénin, Ghana et Ouganda). Ils ont d'abord réussi à convaincre les entreprises clientes de faire des actions en lien avec leur cœur de métier. C'est ainsi, par exemple, qu'au Bénin la compagnie de téléphonie mobile MTN a accepté de faire un message de rappel via SMS pour l'utilisation des moustiquaires, une fois celles-ci distribuées. La fondation a ensuite réussi à convaincre d'autres entreprises clientes de faire des dons/actions en nature qui ne sont pas en lien avec leur cœur de métier. De façon inattendue, la réponse apportée par certains de ses clients a ouvert des perspectives d'impact social plus importantes. En particulier, I-CONS, une entreprise de construction au Sénégal, a répondu à cet appel en donnant une trentaine de vélos aux relais communautaires pour la distribution des moustiquaires et médicaments dans les zones reculées du pays. Au lieu de simplement limiter l'usage du vélo au projet de lutte contre le paludisme, I-CONS a été flexible en permettant aux relais communautaires de l'utiliser pour leurs propres besoins, notamment le développement de leurs activités commerciales, une fois que la campagne du paludisme était terminée. Cette expérimentation a attiré l'attention de l'USAID (l'Agence des États-Unis pour le développement international) qui a perçu le fort potentiel d'impact social de cette initiative, et a donc décidé de l'adopter à plus grande échelle.

Le mérite de cette innovation dans les pratiques philanthropiques de la fondation Ecobank (dons en nature de ses clients) est qu'elle a favorisé une chaine d'initiatives aussi innovantes les unes que les autres dans les pratiques en lien avec la lutte contre le paludisme. Certaines d'entre elles ont été adoptées par d'autres organisations (USAID par exemple) pour l'étendre à un niveau plus global. La résultante de ce genre d'innovations est un changement de paradigme dans la façon de faire de la philanthropie. Dans le cas de la fondation Ecobank, il s'est agi de passer d'une « philanthropie tirée par le don » à une « philanthropie tirée par les stratégies d'impact et innovations sociales ».

L'exemple de la fondation la Rentrée du Cœur est une autre illustration remarquable de la capacité d'innovation organique. Cette organisation philanthropique a obtenu en 2022 le prix de la meilleure fondation de Côte d'Ivoire, décernée par la Mutuelle générale des agents des médias privés. Cette fondation a été la première à introduire dans l'univers philanthropique ivoirien l'idée de « kits scolaires ». Cette idée a émergé lorsque, visitant une région reculée du pays, le fondateur a remarqué que les enfants ré-utilisaient des sacs de riz pour y mettre leurs affaires scolaires. En tant que nouveau propriétaire d'une librairie, il créa alors une fondation avec pour idée de distribuer gratuitement des kits scolaires dans ces zones reculées. Cette idée a été largement adoptée par d'autres organisations philanthropiques ainsi que par le ministère de l'Éducation.

En 2010, se rendant compte que l'impact structurel des kits scolaires était limité, les dirigeants de la fondation ont décidé de se lancer dans la construction d'infrastructures scolaires, avec une approche innovante. Leurs coûts de construction sont deux fois moins importants que ceux déployés par le gouvernement pour les mêmes infrastructures. Par exemple, là où le gouvernement investi 150 000 $ (Dollar américain) pour construire des classes, la fondation investi 70 000 $ ou moins pour ces mêmes infrastructures. Cela a permis de construire chaque année des centres communautaires d'éducation, des centres préscolaires et des écoles primaires. Une fois la construction terminée, ces infrastructures sont cédées à l'État (ministère de l'Éducation et ministère de la Famille) pour la gestion et la pérennisation.

La fondation la Rentrée du Cœur a choisi des emplacements où l'impact structurel peut être plus grand, bien au-delà de l'école. Par exemple, elle a créé des écoles là où elle voit que cela peut être un lieu pour créer des liens entre plusieurs villages ou communautés reculés. Ainsi, elle n'agit pas que sur l'éducation, mais aussi sur la structuration sociale des communautés. Cette fondation se démarque par sa capacité à se renouveler et à trouver des idées simples qui font une grande différence. Les dirigeants ont développé une intelligence collective sur ce qui peut avoir un impact structurel et social plus important, et leur philanthropie est avant tout motivée par le désir d'expérimenter des approches innovantes plutôt que faire des dons classiques.

En somme, le premier choix naturel qui s'offre aux organisations philanthropiques pour faire de l'innovation sociale est organique, soit une innovation réalisée par des innovateurs internes. Ces organisations doivent continuellement réfléchir à investir leurs ressources dans de nouvelles idées et modes d'intervention qui permettent d'accroître leur impact. Pour cela, elles doivent développer la capacité d'innovation des membres de l'organisation et expérimenter des idées qui les sortent de leur zone de confort.

Innovation collaborative : faire avec ou via les autres

L'innovation collaborative est pour l'instant largement portée par la philanthropie dite « de risque » (*venture philanthropy*) et l'investissement d'impact (*impact investing*), menés par des acteurs internationaux, mais aussi par une élite africaine émergente dans le domaine. Toutefois, cette approche peut aussi être utilisée par toute fondation ou organisation philanthropique qui veut élargir son portefeuille d'innovation sociale, en recourant à des innovateurs externes. Les investisseurs en philanthropie du risque considèrent leurs bénéficiaires comme des partenaires, à qui ils fournissent un soutien à la fois financier et non financier, sous la forme de connaissances techniques, ou d'un renforcement de capacité. Ces philanthropes ne limitent pas leur collaboration à un type d'organisation en particulier. Ils financent diverses entités à visée sociale, que ce soient des entreprises à but lucratif, des entreprises sociales ou des ONG, etc. (OCDE,2018).

La philanthropie de risque est diffusée sur le continent par des organisations comme l'AVPA (*African Venture Philanthropy Alliance*). L'AVPA s'intéresse à l'investissement social à travers une stratégie de philanthropie collaborative. La philanthropie collaborative impose de faire alliance avec diverses catégories de bailleurs de fonds unis dans une intention commune de produire de l'impact social. Cette obligation fait que l'organisation philanthropique est à cheval entre plusieurs pratiques philanthropiques allant de la philanthropie de risque, en passant par l'investissement d'impact et la RSE (responsabilité sociétale des entreprises). C'est ce mélange de pratiques que l'AVPA qualifie de « continuum du capital »[1]. À travers ces pratiques, l'organisation souhaite augmenter le flux de capitaux vers les investissements sociaux africains et assurer son déploiement pour un impact maximum. Pour réussir son pari, elle s'appuie sur un outil collaboratif : « la plateforme AVPA *Deal Share* » qui est un réseau de mise en relation des investisseurs sociaux.

C'est aussi le cas pour l'investissement d'impact (*impact investing*) promu sur le continent par des acteurs tels que la fondation de Tony Elumelu, qui a choisi de s'investir auprès des entrepreneurs africains pour créer des bénéfices durables au profit des communautés. Ce soutien comprend du coaching et un appui financier. L'année 2015 a correspondu au lancement de la plateforme de sa fondation (tefconnect.net) dont l'objectif était d'identifier les potentiels entrepreneurs et d'assurer la mise en relation entre entrepreneurs africains, mais aussi entre entrepreneurs africains et entrepreneurs basés à l'international. En optant pour cette stratégie, le philanthrope-fondateur estime que le rôle du secteur privé est essentiel pour le développement du continent. Il a l'intime conviction que celui-ci est un élément catalyseur de richesses tant économiques que sociales. À ce jour, les statistiques indiquent que sa fondation a été le canal par lequel

[1]https://avpa.africa/about-us/,consulté le 31-08-2023

15 000 jeunes entrepreneurs ont pu développer leur activité, tous domaines confondus, sur le continent[1].

L'autre forme moins classique que peut prendre cette innovation sociale est de recourir à des partenaires externes pour initier des projets conjoints d'innovation sociale. Cela renvoie, par exemple, à la collaboration entre une organisation philanthropique et des innovateurs du secteur privé pour développer de nouvelles solutions innovantes visant à résoudre des problèmes sociaux. Un cas marquant au niveau international est le projet « Réinvention des toilettes » de la Fondation Bill-et-Melinda-Gates, dont la visée est de transformer le système de sanitaires en source d'eau potable et d'énergie au profit de plus de 2,5 milliards de personnes dans le monde. Pour cela, la fondation a investi 200 millions de dollars US, avec l'idée d'avoir des résultats substantiels sur le continent africain et ailleurs. De 2011 à 2018, la fondation a fait appel aux meilleurs ingénieurs dans le monde pour faire des propositions sur une nouvelle technologie de toilette sanitaire (*Reinvent the Toilet Challenge*)[2]. Ce projet a suscité beaucoup de commentaires, vu son côté atypique — l'idée « folle » de transformer les excréments humains en solution de développement durable pour les communautés. Toutefois, cela a stimulé des idées intéressantes et donné lieu à de nouvelles technologies de sanitaires (toilettes) qui sont en phase de déploiement pour le grand public. Ce genre d'approche présente un grand potentiel, mais aussi une source de risques desquels les organisations philanthropiques doivent s'accommoder.

---

[1]https://www.musicinafrica.net/fr/magazine/appel-projets-programme-dentrepreneuriat-2023-fondation-tony-elumelu#:~:text=La%20date%20limite%20de%20d%C3%A9p%C3%B4t,de%20z%C3%A9ro%20%C3%A0%20 , consulté le 31/08 /2023

[2] https://www.gatesfoundation.org/our-work/programs/global-growth-and-opportunity/water-sanitation-and-hygiene#:~:text=Since%202011%2C%20our%20foundation''s%20Reinvent,2018%20are%20now%20commercially%20available.

Écosystème d'innovation : orchestrer ou soutenir un réseau d'innovateurs

Les pratiques d'écosystème d'innovation ont émergé récemment, mais prennent assez rapidement de l'importance. L'idée principale est que l'on doit regarder l'innovation sociale sous l'angle de l'écosystème, c'est-à-dire l'ensemble des acteurs qui, par leurs actions d'innovation individuelle ou collective, permettent de créer un système d'innovation. Ainsi, on encourage l'innovation à tous les niveaux. Cela comprend la mise en place d'organisations qui articulent et orchestrent des réseaux innovateurs sociaux. Par exemple, la fondation canadienne McConnell a développé entre 2013 et 2017 le programme *Social Innovation Generation*, en collaboration avec l'Université de Waterloo (Canada), visant à bâtir un écosystème d'innovation sociale. Le but ici n'est pas simplement de stimuler l'innovation chez quelques acteurs, mais bien de supporter tout un écosystème d'acteurs qui contribuent à l'innovation sociale sur leur territoire cible. Pour cela, ils ont par exemple créé une filière universitaire de formation en innovation sociale et des espaces et structures qui connectent un grand nombre d'acteurs impliqués dans l'innovation sociale. En Afrique, l'une des initiatives remarquées est celle du LEAP Africa (*Social Innovators Program*) qui, chaque année, recrute une équipe de jeunes Africains pour leur capacité à faire de l'innovation sociale. Créée par la Nigériane Ndidi Okonkwo Nwuneli, LEAP a pendant ses premières années concentré ses activités sur l'incubation des entrepreneurs sociaux. Toutefois, les dirigeants se sont rendus compte qu'il était avant tout important de bâtir une capacité d'innovation sociale plus globale et systémique sur le continent. La fondatrice a donc écrit un livre (*Social Innovation in Africa*, Nwuneli, 2016) pour faire la promotion de l'innovation sociale, puis l'organisation a lancé le programme de formation en innovation sociale avec l'aide de la fondation Ford.

Ces quelques exemples indiquent que les organisations philanthropiques peuvent jouer un rôle d'orchestrateur et de soutien à ce genre d'initiatives d'écosystème d'innovation, tout en les utilisant comme levier pour atteindre leurs ambitions de résolution des défis sociaux.

Conclusion

Ce chapitre a présenté l'idée suivant laquelle l'innovation sociale est une stratégie *sine qua non* qui doit s'insérer dans les pratiques existantes des acteurs chargés d'implémenter une philanthropie visant le développement. En effet, à travers des exemples locaux et de partenariats avec l'international, le concept d'innovation sociale a démontré comment il s'impose de plus en plus comme un élément incontournable pour la philanthropie africaine si elle veut avoir un impact significatif sur le développement du continent. Il ne s'agit pas non plus de nier ce qui est déjà fait de manière incrémentale en matière d'innovation. Qu'elles soient empruntées (c'est-à-dire émanant d'autres continents) ou qu'elles soient issues d'initiatives locales (émergées), il s'agit d'une part d'encourager et d'inciter les acteurs de la philanthropie africaine à mettre plus d'énergie dans des pratiques sociales innovantes plutôt que de se focaliser uniquement sur le don ; et d'autre part à penser de manière systématique le soutien à l'innovation à travers des lieux d'échanges et d'incubation, le développement de formations adéquates et plus généralement la sensibilisation à ce nouveau changement de paradigme.

Références bibliographiques

Andrew C. & Klein J-L., (2010). «*Social Innovation: What is it and why is it important to understand it better* », (CRISES), Collection Études Théoriques, no ET1003

Ba, B., Dahany, V., Doulou, V., Kassoum, S., & Tapsoba, S. (2000). *Sources de financement alternatives de la recherche en Afrique de l'ouest et du Centre: la philanthropie.*

Fowler, A. (2016). *Concepts and framework for teaching, research and outreach of African philanthropy.*

Lopes C. et Kararach G. (2020). *Structural Change in Africa: misperceptions, New Narratives and Development in the 21st Century*, Routledge.

Nwuneli, N. O. (2016). *Social innovation in Africa: A practical guide for scaling impact.* Routledge.

OCDE (2018). *La philanthropie privée pour le développement*. Objectif développement. Paris : OCDE.

OCDE (2020). *La fiscalité et la philanthropie. Études de la politique fiscale de l'OCDE*, n°27. Paris : OCDE

Urama, K. C. et Acheampong E. N. (2013). « *Social Innovation Creates Prosperous Societies*», Stanford Social Innovation Review, 11(3), A9–A11. https://doi.org/10.48558/AP7A-Y587

CHAPITRE 10

Soutien étatique à la philanthropie en Afrique

Saouré Kouamé, Jean-Claude Kouadio
et Honoré Gbedan[1]

Le soutien de l'État est l'un des facteurs critiques pour accroître le potentiel d'impact du secteur philanthropique sur le développement des pays. Toutefois, l'histoire a souvent été témoin de relations tendues entre philanthropie et État qui ont façonné des postures étatiques défavorables à ce secteur. C'est de cet enjeu important que traite le présent chapitre. Nous discutons des relations entre l'État et la philanthropie en partant du fait qu'elles ne sont pas une réalité unique au continent africain. Nous procédons, d'abord, à un bref aperçu historique et général de la question. Ensuite, nous faisons un portrait sur des relations actuelles entre l'État et la philanthropie en Afrique, en nous appuyant sur de récentes évaluations faites par des organisations spécialisées. Enfin, nous proposons un cadre d'analyse sur les postures générales des gouvernements africains à l'égard du secteur philanthropique dans des pays considérés. L'intérêt de ce cadre d'analyse est de montrer les changements de perspectives et les efforts à faire par les États pour soutenir et tirer parti de la philanthropie comme levier de développement.

---

[1]Saouré Kouamé est Professeur agrégé de stratégie à l'École de gestion Telfer de Université d'Ottawa (Canada) ; Jean-Claude Kouadio est Chercheur post-doctorat en sociologie à l'Université de Rennes (France) ; Honoré Gbedan est Doctorant en sociologie à Université Laval (Canada).

L'État et le secteur de la philanthropie : un rapport souvent sous tension

Malgré la complémentarité incontestable de l'État et du secteur de la philanthropie sur le traitement des grands problèmes de société, des enjeux et les logiques de pouvoir sont susceptibles de créer des tensions entre les deux acteurs. Il y a un enjeu d'occupation de l'espace public, l'État percevant généralement le domaine social comme étant du ressort de ses attributions régaliennes. De ce point de vue, la philanthropie peut être considérée par certains dirigeants étatiques ou acteurs de la société comme une menace susceptible de déposséder la puissance étatique de ses attributs (Lambelet, 2014 ; Lefèvre, S., & Berthiaume, A. 2017).

La perception, fondée ou non, de la plupart des dirigeants, serait que la philanthropie peut être un moyen d'accès et/ou de conservation du pouvoir (Ntwali, 2021). La philanthropie serait la face cachée de la politique (Simone, 2004), c'est-à-dire « … un moyen, pour des élites, de *contester* un ordre politique, d'asseoir un pouvoir politique hors de la sphère gouvernementale, et donc de remettre en cause la représentation issue du vote. » (Lambelet, 2014, p.96) et un « … mode d'action des élites qui, face aux institutions démocratiques de leur pays qui les privent d'une influence politique directe, trouvent dans les organisations philanthropiques une arme pour faire connaître leurs points de vue et mettre en œuvre leurs propres programmes d'action » (Lambelet 2017, p.13).

Cette « menace » politique nourrit des tensions entre, d'une part, un État résolu à restreindre les actions de la philanthropie dans l'espace public et, d'autre part, un secteur philanthropique qui revendique une plus grande liberté d'action et d'innovation. Cette situation a abouti dans certains contextes à l'instauration de frontières infranchissables entre ces deux acteurs. Ce fait n'est pas nouveau et spécifique à un continent. Par exemple, dans les années 1940, le président américain Roosevelt, qui considérait la philanthropie comme une menace à son pouvoir, a considérablement réduit le champ d'action de celle-ci à un certain nombre de domaines (Zunz, 2012). Franchir les limites était passif de suspension des activités de l'organisme philanthropique ou du philanthrope. Le but de ces mesures est de renforcer le pouvoir et les responsabilités de l'État. Des situations similaires sont observées en contexte européen où les fondations philanthropiques furent considérées au XVIIe siècle par les États modernes en pleine émergence comme des concurrentes directes et des menaces contre les pouvoirs publics (Magier, 2017). Il s'en est suivi des mesures sévères à leur encontre, allant souvent jusqu'à la nationalisation ou à l'interdiction d'activités de certaines d'entre elles. Ce fait a engendré, à un moment donné de l'histoire, la disparition des fondations philanthropiques dans certains États européens comme en France, pour permettre à l'État d'asseoir son monopole sur l'intérêt général (Magier, 2017). Cette attitude oppressive des États à l'égard des fondations philanthropiques est mise en avant par certains auteurs (Anheier, 2001 ; Margier, 2017) pour expliquer le développement restreint des fondations philanthropiques européennes par rapport aux fondations philanthropiques américaines.

Au-delà des enjeux de pouvoir, le problème de confiance constitue aussi une source de tension entre l'État et la philanthropie. L'origine de ce problème porte sur la remise en cause de la gouvernance et de la transparence au sein des organismes philanthropiques (Huynh,2015 ; Bloch-Lainé, 2007). L'absence de bonnes pratiques, telles que la production de rapport d'activités, l'honnêteté, l'information sur les données financières et la gestion est pointée du doigt. Des accusations de détournement de fonds et le manque de visibilité des actions de la plupart des organisations philanthropiques sont également évoqués comme des raisons évidentes du problème de confiance (Diop et Benoist, 2007). De plus, les pouvoirs publics peuvent être préoccupés par le fait que la philanthropie puisse être utilisée comme une stratégie pour échapper à l'impôt, source de revenus du gouvernement, [1] et pour accéder à des opportunités d'affaires (OCDE, 2020 ; Depecker et al, 2018).

Devant ce tableau assez sombre de la relation historiquement sous tension entre l'État et le secteur de la philanthropie, certains acteurs internationaux et locaux œuvrent pour un changement de

---

[1] Qui constitue la source de revenu principal de l'État.

posture des États dans le paysage actuel. Il s'agit, entre autres exemples, de WINGS[1] qui a lancé un programme pour motiver les politiques publiques à créer des environnements favorables (*Enabling environnement*) à la philanthropie et à la société civile. Leur thèse principale est que le succès de la philanthropie repose en partie sur « un environnement favorable qui aide la société civile à prospérer » (WINGS, 2019). Cette posture que nous adoptons, amène à s'interroger sur l'état réel de la situation sur le continent et les implications pour le secteur philanthropique.

L'État, le maillon faible de la philanthropie en Afrique ?

En tenant compte des potentielles tensions évoquées ci-dessus, une question importante qui émerge est dans quelle mesure les États africains créent des conditions favorables à la philanthropie, lorsqu'on les compare avec ceux d'autres endroits du monde. C'est en réponse à une telle interrogation que des institutions spécialisées ont récemment mis en place des indicateurs de mesure. Il s'agit en l'occurrence du *Global Philanthropy Environment Index* (Indice global sur l'environnement de la philanthropie) produit par l'IUPUI-Lilly Family School of Philanthropy de l'Université d'Indiana basée aux États-Unis, et du *Ease of Doing Philanthropy Index* (l'indice de facilité de faire de la philanthropie) développée par le SIVIO Institute, basée en Afrique du Sud. Trois indicateurs sont particulièrement intéressants. Le premier est la « facilité d'opération » (*ease of operating*), qui concerne tout ce qui est mis en place par les États pour faciliter la création et le fonctionnement des organisations philanthropiques. En particulier, la facilité à s'enregistrer comme organisation philanthropique, avec par exemple la mise en place de procédures administratives faciles à naviguer. Le second indicateur concerne les incitations fiscales, c'est-à-dire les exemptions d'impôts dont peuvent bénéficier les créateurs de fondations philanthropiques. Le troisième porte sur les flux

---

[1] WINGS, constitué d'un réseau d'organisations philanthropiques dans plus de 50 pays, a pour mission de soutenir le développement du secteur au niveau international. (https://wingsweb.org/en/home)

transfrontaliers, en l'occurrence recevoir ou transmettre de l'argent dans d'autres pays pour des actions philanthropiques.

Prise globalement, la performance des États africains présente des aspects surprenants. Contrairement à l'idée reçue sur la tendance des États à être « hostiles » à la philanthropie, et donc à être le maillon faible de l'écosystème philanthropique, on note une performance globale élevée. Par exemple, le rapport de l'IUPUI de 2023 indique que la performance de l'Afrique sur la facilité d'opérer est de 3,71 sur 5, proche de la moyenne mondiale qui est de 3,97. Ce qui traduit un niveau élevé de facilité d'opérer. De même, les mesures pour faciliter les flux transfrontaliers reçoivent un score de 3,06, proche de la moyenne mondiale de 3,51. En revanche, il y a une mauvaise performance globale sur les incitations fiscales avec un score bien en deçà de la moyenne mondiale (moyenne africaine de 2,93 pour une moyenne mondiale de 3,91). Cela suggère que le plus grand effort reste à ce niveau, tout en maintenant la constance, sinon la progression des autres indicateurs.

Ces scores globaux plutôt encourageants sont à prendre avec discernement. Il y a une forte disparité entre les pays et entre les régions africaines. Ces scores sont souvent influencés par le score de certains pays qui ont entrepris des efforts pour améliorer les soutiens étatiques au secteur philanthropique sur leur territoire. Généralement les pays de l'Afrique de l'Est sont plus avancés sur ces politiques, alors que les moins avancés sont les pays de l'Afrique du Nord. Par ailleurs, comparé à des zones du monde où il y a une grande attention à la philanthropie, on note qu'il y a encore des efforts considérables à faire. Par exemple, Singapour a une note parfaite de 5 pour la facilité d'opération des organisations philanthropiques, et presque le même score pour ce qui concerne les incitatifs fiscaux. Contrairement à cela, nombreux sont les pays africains qui prêtent peu d'attention, ou qui entretiennent une relation timide, presque distante avec le secteur philanthropique.

Quelle posture étatique, entre philanthropie et développement ?

La question fondamentale concerne la place que les États accordent à la philanthropie dans leurs stratégies de développement. Cette question est d'autant plus importante qu'elle est fortement liée à la nature des relations entre les pouvoirs publics et le secteur de la philanthropie. Nous présentons ici quatre postures que les États sont susceptibles d'adopter (Voir figure 1 : Baromètre de la posture étatique). Notre argument est que le potentiel d'impact de la philanthropie sur le développement du pays va fortement dépendre de la posture adoptée, en allant d'une posture défensive plus hostile à une posture proactive plus favorable.

Figure 1: Baromètre de la posture étatique vis-à-vis du secteur philanthropique

Très hostile ⟷ **Très favorable**

Posture étatique	**Défensive**	**Tolérance**	**Progressive**	**Proactive**
Appréhension	Le secteur philanthropique comme une menace pour les valeurs, l'unité nationale et le jeu politique	Le secteur philanthropique comme peu utile et inefficace	Le secteur philanthropique comme une opportunité pour le social	Le secteur philanthropique comme une opportunité pour tous les secteurs, y compris le secteur économique
Attention	Attention élevée sur le secteur philanthropique	Attention moyenne à faible	Attention moyenne à élevée	Attention élevée
Action	Restriction et surveillance accrue du secteur philanthropique	Effort minimal	Facilitation opérationnelle	Intégration stratégique
Impact	Performance très limitée du secteur philanthropique comme agent de développement	Performance limitée	Performance moyenne	Performance élevée

Posture défensive

La posture défensive peut s'observer au niveau des pouvoirs publics qui entretiennent une relation de méfiance vis-à-vis des acteurs philanthropiques dont les activités portent sur des changements politiques et les questions de droit de l'Homme. En ce sens, la philanthropie peut être appréhendée comme un contre-pouvoir par son soutien à la mobilisation de la société civile contre les actions préjudiciables des pouvoirs publics à la démocratie et aux libertés des citoyens. Il n'est pas surprenant dans ce cas que des pouvoirs publics mettent en place des mesures visant à restreindre ou supprimer la place et le pouvoir d'action du secteur philanthropique. Par exemple, le Zimbabwe a mis en place un ensemble de lois pour restreindre les activités à l'endroit des communautés LGBTQI[1] conformément à sa politique très stricte vis-à-vis de cette cause (IUPUI, 2023 ; SIVIO, 2023). Ce pays est aussi méfiant de toute connexion du secteur philanthropique avec la sphère politique, si bien qu'il a mis en place des lois pour contrôler toute suspicion ou perception d'ingérence politique. En Égypte, des lois réduisent la gamme d'activités que peuvent mener les organisations philanthropiques (IUPUI, 2023), les privant d'une liberté d'action et d'une marge de manœuvre pour déployer des stratégies qui peuvent faire la différence.

La posture défensive des pouvoirs publics pourrait aussi s'expliquer par la tendance à l'osmose entre la sphère politique et celle philanthropique. Les fondations « philanthropiques » des premières dames sont une pratique bien répandue sur le continent africain et illustrent cette proximité entre les deux sphères. Ces fondations de Premières dames participent souvent à la visibilité et l'acceptation sociale des politiques du mari-président. Par ailleurs, la société civile peut servir de tremplin à des ambitions politiques. Par exemple, il y a bon nombre d'anciens dirigeants ou d'acteurs d'organisations philanthropiques qui deviennent politiciens, voire responsables de partis politiques. Dans ce sens,

---

[1] LGBTQI est un acronyme utilisé pour désigner des personnes à orientation sexuelle différente, telles que les homosexuelles et les transgenres.

la philanthropie assure un capital social qui peut être utilisé comme un moyen d'ascension politique par des opposants au pouvoir. De telles réalités sont des éléments qui pourraient instiller dans l'esprit de certains dirigeants étatiques, la perception de la philanthropie comme une menace sérieuse.

Cette façon d'appréhender la philanthropie comme un instrument de lutte de pouvoir pourrait pousser les détenteurs du pouvoir étatique à mettre en place des systèmes de défense faits de restrictions sévères, de régulations et de contrôles excessifs du secteur. Dans de tels contextes, le secteur philanthropique serait sclérosé et fébrile à entreprendre des actions audacieuses, réduisant ainsi sa capacité à impulser des transformations sociales positives.

Posture de tolérance

D'autres gouvernements développent une méfiance vis-à-vis du secteur philanthropique tout en faisant preuve d'un laisser-faire. La méfiance vient surtout du fait que les dirigeants étatiques ne perçoivent pas l'utilité et la véritable valeur ajoutée du secteur philanthropique sur le développement du pays. Au contraire, le secteur peut être perçu uniquement dans son aspect dysfonctionnel, par exemple comme affectant négativement le recouvrement fiscal de l'État. Par ailleurs, l'opacité de la gestion financière et la malversation financière de certaines organisations philanthropiques nourrissent les critiques de mauvaise gestion et renforcent les soupçons étatiques. Cela peut motiver les pouvoirs publics à durcir les procédures administratives de création ou les conditions d'obtention des mesures incitatives qui accompagnent et encouragent les initiatives philanthropiques. Les gouvernements peuvent aussi mettre en place des lois pour limiter les flux financiers utilisant, par exemple, l'argument de la lutte contre la fraude financière internationale (IUPUI, 2023), l'enrichissement illicite, le blanchiment de l'argent et le financement des mouvements subversifs. Les efforts seront ainsi orientés vers la limitation des effets négatifs sur le plan financier.

Vu que cette posture amène les États à sous-estimer la valeur ajoutée du secteur philanthropique, l'attention portée au secteur philanthropique dans les stratégies de développement national serait faible et se limiterait à mettre en place quelques mécanismes classiques pour favoriser les opérations, sans véritablement créer les conditions optimales de leur fonctionnement. Par exemple, on note cette posture ambivalente dans le soutien de l'État béninois au secteur philanthropique. Quelques actions ont été récemment faites pour améliorer le cadre réglementaire et supporter davantage le secteur philanthropique et des organisations de la société civile, avec par exemple des décrets de reconnaissance d'utilité publique. Toutefois, on note la création puis la suppression de départements ministériels et des directions techniques pour supporter ce secteur, ce qui semble traduire un engagement moins prononcé de l'état béninois vis-à-vis de ce secteur. Pour contrebalancer, la promotion du secteur philanthropique et de la société civile est assurée par la Maison de la société civile, une structure béninoise non étatique. Cette posture de tolérance semble également celle adoptée en Côte d'Ivoire où l'État ivoirien manifeste la réticence et la crainte d'accorder la reconnaissance d'utilité publique[1] aux fondations d'entreprises en raison des logiques utilitaristes, de commercialisation et d'affairisme qui accompagnent souvent leurs initiatives (Kouadio, 2022). Cette façon d'appréhender le secteur philanthropique par les décideurs étatiques semble hypothéquer le développement du plein potentiel du secteur philanthropique et de la société civile dans le pays. Dans ce contexte, les organisations philanthropiques rencontreront plus de difficultés à opérer, et cela limitera le développement général du secteur dans le pays.

Posture progressive

Il y a une forte probabilité que les dirigeants étatiques adoptent une posture progressiste lorsqu'ils perçoivent le secteur

---

[1]La reconnaissance d'utilité publique est un dispositif qui permet aux fondations et associations en Côte d'Ivoire de bénéficier des avantages fiscaux.

philanthropique comme une opportunité. Il y a plusieurs promoteurs qui présentent le secteur philanthropique comme une source de progrès social. Un écosystème philanthropique fort contribuerait à la dynamique de la vie sociale du pays, y compris apporter plus de transformations sociales pour renforcer la participation citoyenne à la résolution des grands problèmes sociaux. Tous ces discours tendent à présenter la philanthropie plus comme une opportunité qu'une menace pour les nations et les pouvoirs publics. Il y a donc plus de probabilité que les dirigeants étatiques adoptent une posture progressiste lorsqu'ils adhèrent à ce genre de discours et développent une conviction forte sur le potentiel d'impact du secteur philanthropique. Cette posture progressiste se traduit naturellement par la mise en place de conditions favorables au développement du secteur. Ces dirigeants « pro-philanthropie » sont plus disposés à faire une refonte des lois, réglementations et autres mécanismes pour faciliter les opérations et soutenir le secteur.

On note de plus en plus de gouvernements africains qui adoptent cette posture, incluant l'Éthiopie, l'Afrique du Sud et le Sénégal qui sont cités comme des exemples en la matière (UIPUI, 2023). Par exemple, l'Éthiopie a mis en place en 2019 des lois pro-société civile, avec des incitatifs fiscaux pour stimuler davantage ce secteur. L'Afrique du Sud a les mesures d'incitation fiscale parmi les plus généreuses sur le continent. Ces pays obtiennent naturellement les scores les plus élevés des indicateurs de facilitation des activités du secteur (SIVIO, 2023 ; UIPUI, 2023). Le Sénégal est classé comme le pays qui a l'environnement le plus favorable parmi les pays de l'Afrique examinés par IUPUI, avec un score très élevé sur la facilité d'opération des organisations philanthropiques.

La résultante de cette posture progressiste serait des écosystèmes philanthropiques très dynamiques, avec un potentiel d'impact plus élevé sur la résolution des problèmes sociaux. Toutefois, la posture progressiste ne signifie pas forcément qu'il y a une intégration stratégique entre les deux sphères étatiques et philanthropiques.

Posture proactive

La logique de la posture proactive se fonde sur le fait que l'objectif n'est pas uniquement de soutenir le développement du secteur philanthropique, mais d'avoir une stratégie intégrée qui prend en compte les apports du secteur comme faisant partie des axes stratégiques des politiques et programmes de l'État. Il y a plus de probabilités d'observer cette posture proactive au niveau des gouvernements qui perçoivent la philanthropie comme une opportunité et un levier de développement. L'opportunité ne se limiterait pas à la capacité de mobilisation des ressources financières du secteur philanthropique comme source d'investissement dans la résolution des problèmes sociaux. L'État percevrait aussi ce secteur comme une véritable opportunité pour soutenir les capacités de développement dans plusieurs autres sphères, y compris économique (par exemple, le développement de l'écosystème entrepreneurial et industriel). Dans cette perspective, les dirigeants étatiques auront tendance à intégrer la philanthropie comme un levier dans leurs stratégies de développement.

Cette posture est encore rare sur le continent, mais il y a quelques gouvernements qui tendent vers cela. Le cas le plus cité est celui du Rwanda. Ce pays a adopté une approche très stratégique de développement qui donne jusqu'à présent des résultats séduisants. La force de l'État rwandais est de rechercher tous les leviers possibles pour soutenir son développement. Dans ce sens, le gouvernement a compris la force que peut constituer le secteur philanthropique, inspiré par les modèles américains, et a donc développé une proximité plus accrue avec ce secteur. Notamment, le ministère responsable de l'économie et des finances a fait appel à des experts de renom dans le domaine de la philanthropie pour définir les modalités d'intégration de la philanthropie dans la stratégie nationale de développement[1]. Le Nigéria est aussi cité en exemple. Il y a une forte proximité du gouvernement avec le secteur philanthropique, dans lequel on trouve les philanthropes les plus influents sur le continent

---

[1] Voir *Rwanda Philanthropy Partnerships and Outreach Strategy Report*

africain. L'État a d'abord eu une attitude pro-entrepreneuriat qui a permis l'émergence de champions nationaux dans le domaine des affaires en Afrique. Ces entrepreneurs sont devenus de grands philanthropes sur le continent. Le gouvernement capitalise sur ces acteurs en travaillant de près avec eux et le secteur philanthropique pour faire avancer ses agendas de développement du pays.

Avec cette posture proactive, les gouvernements seront plus enclins à mettre en place des mécanismes qui favorisent le plein essor du secteur philanthropique. Ils auront aussi tendance à leur accorder plus de place dans leur stratégie nationale de développement.

Conclusion

Le déficit de connaissance et de reconnaissance de la valeur ajoutée du secteur philanthropique est susceptible de rendre difficile la relation entre l'État et ce secteur philanthropique. Toutefois, certains gouvernants et agents étatiques semblent avoir pris de la hauteur et accordé une plus grande attention et place à ce secteur philanthropique dans la vie de leur nation. Ainsi, le soutien de l'État à la philanthropie locale ou nationale est l'expression des liens, des relations et des rapports teintés de diverses postures étatiques (posture défensive, posture de tolérance, posture progressiste et posture proactive ou stratégique) dont nous avons dressé le portrait. Il est important de nuancer que les différentes postures étatiques face au secteur de la philanthropie sont dynamiques et que la prégnance de telle ou telle posture dans tel ou tel pays dépend des contextes sociopolitiques, économiques, et de la volonté politique.

Références bibliographiques

Anheier, H. (2001). *Foundations in Europe: A comparative perspective*, Civil Society Working Paper, n°18, Centre for Civil Society, London School of Economics and Political science.

Depecker, T., Déplaude, M. O., & Larchet, N. (2018). La philanthropie comme investissement : Contribution à l'étude des stratégies de reproduction et de légitimation des élites économiques 1. *Politix*, (1), 9-27.

Huynh, Q. T. (2015). « Les bonnes pratiques de mécénat des firmes et la transparence de leurs fondations philanthropiques », *Revue Interdisciplinaire Management*, Homme & Entreprise, (18) : 43-60.

IUPU, (2023). *The Global Philanthropy Environment Index 2022*. Africa Edition.

Kouadio, J-C. (2022). *Philanthropie et développement en Afrique. Étude de cas en Côte d'Ivoire*. Thèse de doctorat en sociologie, sous la direction d'Ulrike Schuerkens, Université de Rennes 2.

Lambelet, A. (2014). *La philanthropie*. Paris : Presses de Sciences Po.

Lambelet, A. (2017). La philanthropie : usages du terme et enjeux de luttes. *Ethnographiques. org*, *34*, 1-20.

Lefèvre, S., & Berthiaume, A. (2017). Les partenariats entre secteur public et fondations philanthropiques au Québec: genèse, contestation et épilogue d'une réforme de l'action publique. *Revue française d'administration publique*, (3), 491-506.

Margier, A. (2017) Un éclairage européen sur les fondations privées, in Fontan, J-M. et al. *Les fondations philanthropiques. De nouveaux acteurs politiques ?* Collection innovation sociale, Presse de l'Université du Québec, pp.57-85.

Ntwali, V. (2021). Gouvernance philanthropique et conservation du pouvoir en Afrique: une clé pour comprendre le néo-paternalisme politique en RDC. *L'État africain et la crise postcoloniale. Repenser 60 ans d'alternance institutionnelle et idéologique sans alternative socioéconomique*, 185-207.

Simone, P. Joyaux, (2004). *Philanthropy: Its Many Faces of Power.*, Joyeux et associes, AFP Mid-America Conference.

SIVIO Intitute (2023). *Examining Legal Constraints to Giving in Southern Africa*, SADC Report.

WINGS (2019). *Promoting an enabling environment for philanthropy and civil society*. Impact case studies.

Zunz, O. (2012). *La philanthropie en Amérique : argent privé, affaires d'État*. Paris : Fayard.

CHAPITRE 11

L'éléphant dans la pièce : La question de la relation de pouvoir dans la philanthropie en Afrique

Amina Wazoumi Ignanoné,
Jimm Chick Fomunjong, Lynda Rey
et Saouré Kouamé[1]

L'univers de la philanthropie au niveau international est traversé par d'importants enjeux de relations de pouvoir qui peuvent limiter son potentiel d'impact sur la résolution des problèmes sociaux. La question du pouvoir dans les dynamiques philanthropiques est universelle dès lors qu'une organisation « donne » et une autre « reçoit ». Cette dimension relationnelle très importante se caractérise par une asymétrie de pouvoir qui confère souvent un rôle central aux donateurs.

Cette réalité se retrouve aussi en Afrique, de façon accentuée. Les relations de pouvoir inhérentes à la philanthropie peuvent être complexes et variées selon les contextes socioéconomiques, politiques et culturels dans lesquels elles s'exercent. Cette complexité se justifie par le fait que la plupart des financements proviennent des acteurs internationaux, tels que les fondations internationales (publiques ou d'entreprise), les donateurs individuels ou les institutions publiques dans le cadre de l'aide

---

[1]Amina Wazoumi Ignanoné est Doctorante en management à l'Université de Sherbrooke (Canada)
Jimm Chick Fomunjong est Directeur de la gestion des connaissances et communication de West Africa Civil Society Institute (WACSI, Ghana)
Lynda Rey est Professeure associée à l'École nationale d'administration publique (ENAP) Montréal (Canada)
Saouré Kouamé est Professeur agrégé de stratégie à l' École de gestion Telfer de l'Université d'Ottawa (Canada).

au développement. Cette situation confère aux donateurs certains avantages, notamment, l'exercice d'un pouvoir d'influence sur les projets qu'ils financent, créant ainsi un déséquilibre et une asymétrie de pouvoir qui peuvent se justifier de différentes manières. Dans ce chapitre, nous discutons ces enjeux de relations de pouvoir, leurs effets sur la capacité du secteur philanthropique à avoir un impact plus important et des initiatives des bailleurs de fonds et des organismes récipiendaires, notamment en Afrique pour résoudre ce problème en plaidant pour des approches plus équitables et durables.

Philanthropie et pouvoir, les deux faces d'une même pièce

Pour mieux comprendre les relations entre les acteurs de la philanthropie moderne, il faut porter un regard attentif sur les motivations des donateurs et la compréhension même des impacts de la philanthropie selon l'angle de perception. La philanthropie qui repose sur une relation donateur-receveur place *de facto* ces deux types d'acteurs dans une dynamique relationnelle déséquilibrée, souvent symbolisée par la main qui donne au-dessus de celle qui reçoit. En d'autres mots, cette relation déséquilibrée se traduit par une asymétrie de pouvoir, le pouvoir étant du côté du donateur.

Ainsi, les donateurs étant les principaux détenteurs des ressources, ils ont en général un pouvoir considérable qui leur permet d'influencer les projets qu'ils financent, d'imposer leurs visions aux bénéficiaires, et de mettre en place des mécanismes de contrôle. Cette attitude des donateurs est souvent motivée par le besoin d'assurer l'efficacité de leur don, soucieux que leur don soit utilisé de la meilleure façon pour résoudre les problèmes sociaux. Toutefois, cette dynamique de pouvoir déséquilibré peut entraîner une perte de responsabilité et un manque de transparence conduisant à des projets inefficaces.

Le déséquilibre de pouvoir dans la philanthropie est très présent dans le contexte africain, surtout en ce qui concerne la relation entre les fondations subventionnaires internationales, celles qu'on appelle des organisations du Nord Global *(Global North)* et les organisations de la société civile africaine, asiatique et sud-américaine, celles qu'on appelle les organisations du Sud

Global (*Global South*). Ce déséquilibre se manifeste de diverses façons sur le continent africain. Dans de nombreuses circonstances, les acteurs locaux du continent africain se trouvent contraints d'accepter ces conditions, même si elles ne correspondent pas à leurs préférences ou à leurs valeurs. Cette contrainte résulte souvent de la nécessité de garantir la survie financière et la viabilité économique des organisations locales.

Cette dynamique illustre les défis complexes auxquels sont confrontées les organisations africaines dans leur quête de financement et de soutien externes, mettant en évidence les compromis nécessaires pour assurer leur continuité opérationnelle. Ce déséquilibre de pouvoir est entretenu par plusieurs mécanismes, notamment la langue, les connaissances et les outils de travail.

La *langue* peut être une barrière dans deux sens. D'une part, les bailleurs de fonds utilisent souvent des langues de travail qui excluent certaines organisations et certains bénéficiaires qui n'en ont pas la maîtrise. Par exemple, les populations des pays purement francophones ont du mal à obtenir plus de financements parce que la plupart des soumissions sont faites en anglais. D'autre part, les bénéficiaires locaux ne parlent pas souvent les langues occidentales (français ou anglais) ce qui complique la compréhension de leurs besoins réels par les bailleurs. Cette disparité liée à la langue se révèle également dans le manque de représentativité de francophones dans les organisations donatrices et donc dans la majorité des espaces décisionnels.

Concernant les *connaissances,* les acteurs du Nord ont une croyance prédominante que la majorité des connaissances émanent d'eux, et qu'ils sont mieux informés sur la manière dont le développement et l'humanitarisme devraient être conceptualisés et mis en œuvre. Par conséquent, ils préconisent souvent de suivre leurs directives, suggestions et outils. Cette situation contraint parfois les acteurs locaux sur le continent, même s'ils ne sont pas nécessairement en accord avec ces approches, à les adopter en raison des exigences de financement qui y sont associées.

Les *outils* constituent aussi une source importante de déséquilibre de pouvoir. Généralement, les organisations locales ne peuvent pas utiliser leurs outils et méthodes, même si ceux-ci sont efficaces. D'une part, elles craignent de perdre des opportunités de financement des partenaires et d'autre part, malgré la richesse de leur savoir-faire, de leurs convictions et de leur expérience, elles ne sont pas autorisées à aborder ces questions ou à tester leurs approches. Les organisations locales obéissent aux règles imposées par les partenaires internationaux par nécessité d'assurer leur survie.

Cet échantillon de témoignages issus d'une enquête réalisée en 2019 par le Forum économique mondial auprès d'entrepreneurs sociaux décrit comment l'asymétrie de pouvoir se manifeste dans la réalité :

« Un investisseur d'impact a mis en doute notre intégrité avec arrogance et a soumis nos processus et nos finances à un examen critique, ce qui a mobilisé notre équipe de direction pendant de nombreux mois. L'investisseur a même exigé que nous modifiions notre modèle d'entreprise pour l'adapter à ses besoins et, en fin de compte, plus d'un an plus tard, il n'a pas investi. Nos maigres ressources avaient été gaspillées ».

« Un donateur nous a demandé de transformer nos employées en bénévoles afin de 'rendre notre organisation plus viable financièrement' ».

Par ailleurs, elles utilisent souvent des outils qui ne sont pas adaptés à leur contexte. C'est, en l'occurrence, le cas des rapports qui doivent répondre à un format prédéfini par les organisations du Nord. Par exemple, les cadres logiques, les outils complexes de suivi et d'évaluation sont quelques-uns des outils avec lesquels les organisations locales ne sont pas nécessairement à l'aise, mais elles n'ont pas d'autres choix que de s'efforcer d'utiliser ces outils au cours de l'élaboration, de la mise en œuvre et de l'établissement des rapports des projets afin de bénéficier des fonds qui leur sont alloués. À l'ère du numérique, certains partenaires du Nord insisteront sur l'utilisation d'outils numériques spécifiques ou de plateformes telles que Slack pour la communication interne avec les partenaires du projet, alors que ces derniers peuvent être plus à l'aise avec WhatsApp ou les courriels. Sans compter la multiplication des missions dites « de terrain » et réunions incessantes qui mobilisent les équipes locales et ne leur permettent pas de se consacrer à la mise en œuvre des interventions. Dans le sens inverse, les acteurs locaux rencontrent d'innombrables barrières pour se rendre dans le Nord.

En réalité, on constate que l'exercice du pouvoir, qu'il soit subtil ou évident, des bailleurs de fonds se manifeste par des pratiques programmatiques contraignantes, voire non éthiques, la mise à risque budgétaire de dépenses non compensées pour les organisations récipiendaires, et des relations qui sont tendues ou rompues au nom du financement. Tous ces dysfonctionnements contreviennent à une transformation sociale juste, équitable et durable.

Figure 1 : Illustration de la relation de pouvoir nord-sud.

Cette relation de pouvoir dans la philanthropie n'est pas spécifique à l'Afrique. Cela est endogène aux écosystèmes philanthropiques et aux organisations de la société civile de façon générale. Par exemple, on retrouve le déséquilibre dans d'autres endroits du monde tels que l'Amérique du Sud et l'Asie. On retrouve aussi cela dans les écosystèmes philanthropiques nord-américains, notamment dans la philanthropie à l'endroit des peuples autochtones et afro-américains. Plus généralement, il est reconnu qu'il y a un déséquilibre de pouvoir entre les grandes fondations subventionnaires et les organisations bénéficiaires, peu importe l'endroit du monde.

La réponse internationale

Le problème de relation de pouvoir dans la philanthropie est aujourd'hui devenu un enjeu international auquel différents acteurs cherchent à apporter une réponse. Cela a donné notamment naissance à des mouvements sociaux tels que la décolonisation de la philanthropie (*Decolonizing Philanthropy*), la philanthropie basée sur la confiance (*Trust-Based Philanthropy)* et la localisation de l'aide *(Localization Agenda)*.

Le mouvement de décolonisation

Dans le domaine philanthropique, la décolonisation vise à transformer les dynamiques de pouvoir, à reconnaître et à rectifier les injustices historiques subies par certaines populations. Ce mouvement est promu depuis 2018 en Amérique du Nord par des acteurs tels que Edgar Villanueva, dont le best-seller *Decolonizing Wealth* (Villanueva, 2020) met l'emphase sur une reproduction de la colonisation dans le secteur de la philanthropie, notamment l'oppression des peuples autochtones (Jamieson, 2020) et des minorités afro-américaines. Cette réalité est aussi décrite dans ce récent ouvrage intitulé *White Saviorism in International Development: Theories, Practices and Lived Expériences*, dans lequel Khan et al (2023), définissent le mythe du sauveur blanc comme à la fois un état d'esprit et une structure dc pouvoir tangible fondée sur la bienveillance de la blancheur, qui élève les personnes d'origine européenne blanche comme plus capables, plus intelligentes, donc plus « développées », qui oriente leurs actions dans les communautés du monde entier. La plupart des initiatives prises par les donateurs européens et occidentaux pour lutter contre les inégalités dans les pays non occidentaux reposent sur l'hypothèse que ces derniers ne peuvent pas se gérer eux-mêmes et que seuls des « sauveurs blancs » extérieurs peuvent remettre les choses en ordre.

C'est dans ce contexte que le mouvement de la décolonisation prescrit des approches plus inclusives, équitables et durables, en assurant une redistribution équitable des ressources. Elle confère aux communautés locales un rôle prépondérant dans la définition des besoins, la prise de décisions et la mise en œuvre des projets de développement. Plutôt que d'adopter des approches descendantes où les organisations occidentales définissent les priorités, la décolonisation encourage des partenariats plus équitables, reconnaissant les connaissances, les compétences et les expériences des communautés locales.

Ainsi, il est impératif que l'ensemble des acteurs philanthropiques procèdent à un examen de conscience afin d'éviter la reproduction de pratiques coloniales caractérisées par une relation de domination. En particulier, les organisations occidentales doivent décoloniser leurs pensées et méthodes de gestion de la richesse, cesser de présenter leur vision du monde comme la seule option possible, afin de reconnaître les préjugés et de remédier aux injustices historiques dont les impacts perdurent aujourd'hui. De même, les nouveaux philanthropes issus du continent ou de la diaspora sont souvent conseillés par des homologues ou consultants du Nord, qui les encouragent à modeler leur philanthropie sur les modèles occidentaux. Comme le soulignent Banerjee et Shriram (2022), en référence à leur rapport récent publié par le *Cambridge Centre for Strategic Philanthropy, « si l'intention des philanthropes d'atténuer les problèmes sociaux est louable, il faut reconnaître qu'une philanthropie véritablement décolonisée exige plus qu'un simple accroissement du nombre de philanthropes non blancs représentatifs, si ces personnes risquent de recréer des pratiques préjudiciables dans leur pays d'origine* [traduction libre]»[1].

Le mouvement *#ShiftThePower* est l'une de ces initiatives qui défendent les efforts de décolonisation au niveau mondial. La

---

[1] Banerjee et Shriram 2022.
https://www.alliancemagazine.org/feature/decolonising-philanthropy-from-conceptual-apprehension-to-functional-progress/

raison d'être du mouvement est de recalibrer les systèmes de développement international et de philanthropie pour passer d'un système lourd et descendant à un système plus juste et équitable, piloté par les personnes et les communautés. Selon la quatrième recommandation opérationnelle contenue dans le manifeste pour le changement, qui constitue une force motrice fondée sur des valeurs fortes pour le mouvement *#ShiftThePower*, les parties prenantes sont invitées à *« trouver de manière créative des moyens de libérer le pouvoir inhérent des communautés dans la détermination de leur propre parcours de développement — quelle que soit la manière dont elles le définissent — et à laisser le langage des "bénéficiaires" et des "récipiendaires" appartenir au passé »* [traduit de l'anglais].

La trust-based philanthropy

En 2019, MacKenzie Scott, l'une des femmes les plus riches des États-Unis, décida de faire des dons sans condition ni influence sur la stratégie, la direction et les opérations des organismes récipiendaires. Depuis, elle a donné plus de 10 milliards de dollars à des milliers d'organismes avec cette approche dans le but de « céder le pouvoir » *(power shift)* aux bénéficiaires afin d'accroître l'impact sur les transformations systémiques souhaitées. Cette décision radicale et historique a créé un choc dans le secteur philanthropique au niveau international, donnant une impulsion au mouvement social appelé « *trust-based philanthropy* » (philanthropie basée sur la philanthropie). Bien que l'approche *trust-based philanthropy* trouve son origine officielle aux États-Unis, ses valeurs et ses pratiques ont été adoptées par des organisations à travers le monde, reconnaissant la nécessité d'établir un équilibre dans les relations avec les communautés (Wong & McGrath, 2020). Traditionnellement, la philanthropie opérait sur la base d'une méfiance manifeste, illustrée par des procédures d'octroi de subventions lourdes et désuètes, avec des normes de confiance définies par les bailleurs de fonds dans une dynamique de pouvoir inégale. C'est dans ce contexte que le mouvement *trust-based philanthropy* s'articule autour d'un ensemble de valeurs fondamentales, mettant l'accent sur la promotion de l'équité, le transfert de pouvoir et l'établissement de relations mutuellement responsables. Ce mouvement cherche à manifester de l'humilité et de la collaboration tant dans les pratiques des bailleurs de fonds que dans leur présentation. La *trust-based philanthropy* est de plus en plus reconnue comme une stratégie visant à adresser les dynamiques de pouvoir inhérentes entre les bailleurs de fonds et les organisations à but non lucratif. Son objectif fondamental est la création d'un écosystème plus équitable, privilégiant une approche rigoureuse axée sur l'établissement de relations et le partage du pouvoir plutôt que sur des transactions et un contrôle strict. En favorisant des relations plus saines et résilientes, cette approche offre aux organisations à but non lucratif l'opportunité de planifier, de se développer et d'innover conformément à leurs besoins. L'approche de la philanthropie basée sur la confiance a eu divers impacts positifs sur le maintien et la durabilité des organisations à but non lucratif qui ont reçu des dons sans condition de la part de McKenzie Scott.

Certaines l'ont utilisé pour maintenir et augmenter leurs effectifs, d'autres l'ont utilisé pour créer des entreprises sociales en vue de garantir la durabilité de leurs organisations.

En définitive, grâce à la *trust-based philanthropy*, les bailleurs de fonds sont invités à aborder leurs relations avec les partenaires bénéficiaires dans une perspective de confiance et de collaboration, plutôt que de conformité et de contrôle. Il s'agit de façon holistique de créer un espace permettant aux forces et aux atouts relatifs des deux parties de contribuer pleinement à un objectif d'impact commun (Bridgespan, 2024)[1]. Cette approche réduirait considérablement les charges qui pèsent sur les organisations à but non lucratif, les aidant ainsi à produire l'impact escompté.

---

[1]Bridgespan (2024). The Trust-Based Philanthropy Conundrum: Toward Donor-Doer Relationships That Drive Impact. https://www.bridgespan.org/insights/trust-based-philanthropy/the-trust-based-philanthropy-conundrum

La localisation

Introduit pour la première fois dans le domaine humanitaire lors du Sommet humanitaire mondial en 2016, le concept de localisation représente un processus au cours duquel les bailleurs de fonds accordent une place centrale aux acteurs locaux, leur attribuant un rôle accru. Cette démarche vise principalement à renforcer les capacités des acteurs locaux, à valoriser les connaissances et les expertises ancrées dans leurs communautés, tout en déléguant le contrôle et la prise de décision aux bénéficiaires locaux. L'objectif est de reconnaître l'importance de l'engagement des communautés locales dans la conception, la mise en œuvre et l'évaluation des initiatives philanthropiques. La localisation vise à transcender les modèles traditionnels dans lesquels les bailleurs de fonds externes, souvent basés dans des régions éloignées, définissent les priorités et les stratégies philanthropiques. Elle préconise une collaboration étroite avec les acteurs locaux, incluant les organisations de la société civile, les gouvernements et d'autres partenaires communautaires. Elle vise à limiter la place des organisations intermédiaires entre les grands bailleurs de fonds internationaux et les organisations de la société civile bénéficiaire. L'objectif étant de garantir que les financements internationaux répondent de manière plus directe aux besoins réels et des populations locales. À travers le programme de localisation, on espérait que 25 % du financement de l'aide parviendrait aux communautés qui en ont le plus besoin, contre 0,4 % identifié en 2017.

En Afrique, la localisation revêt une pertinence particulière, surtout dans les contextes d'instabilité et de crises humanitaires, où les réponses conventionnelles, dirigées par des acteurs internationaux, peuvent parfois négliger les connaissances et les capacités des communautés locales (Kumi et al., 2021). Encourager la localisation vise à renforcer la résilience de ces communautés en les plaçant au cœur du processus de prise de décision, ce qui peut conduire à des interventions plus efficaces et durables. Ainsi, il est impératif de faire évoluer le paradigme vers une approche plus inclusive, participative et centrée sur les communautés locales qui œuvrent sur le terrain et qui sont généralement mieux outillées pour prendre des décisions cruciales sur la meilleure façon de procéder. Avec la localisation, les dons sont flexibles afin de maximiser leur efficacité et leur durabilité. L'établissement de relations égales et le transfert de pouvoir aux communautés renforcent la confiance des acteurs locaux ainsi que leur capacité à évaluer, comparer et affiner leurs méthodes et stratégies, contribuant ainsi à optimiser l'impact des actions entreprises.

La réponse africaine

Plusieurs acteurs locaux tentent activement de traiter le problème de la relation de pouvoir afin de libérer le potentiel de la philanthropie sur le continent africain. Il s'agit par exemple de CIVICUS, le Global Fund for Community Foundations, Kenya Community Development Foundation, Ugandan National Nongovernmental Organization Forum, TrustAfrica, Tilitonse Foundation, STAR-Ghana Foundation, Association Burkinabè de Fundraising et WACSI. Les initiatives de WACSI (West Africa Civil Society Institute) illustrent la recherche de solutions sur le continent. WACSI a été fondé en 2005 par l'Open Society Initiative for West Africa (OSIWA), l'actuel Open Society Foundations Africa, avec pour mission de renforcer les capacités de la société civile dans la région de l'Afrique de l'Ouest. Nous présentons ici quelques-unes des initiatives récentes de cette organisation qui présentent un potentiel d'impact substantiel sur les enjeux de relation de pouvoir.

L'initiative **#ShifThePower**

WACSI est un acteur central dans l'initiative *#ShiftThePower* lancée en Afrique du Sud en 2016 par le Global Fund for Community Foundations[1], et qui est maintenant un mouvement mondial. Ce mouvement a, par exemple, organisé un sommet mondial en Colombie en 2023 avec des militants, ONG, organisations de la société civile, bailleurs de fonds et chercheurs. L'objectif de cette initiative est de créer un équilibre

[1] Source: https://globalfundcommunityfoundations.org/what-we-stand-for/shiftthepower/ Accessed on 15/4/2024

de pouvoir entre les acteurs de la philanthropie communautaire, via l'adoption de nouveaux comportements, de nouvelles mentalités et de nouvelles approches de travail. Il met également en lumière l'absence de neutralité dans les interactions en termes de pouvoir et permet d'affirmer le pouvoir, les connaissances, les compétences et les réseaux des bénéficiaires des aides. Ainsi, les institutions sont invitées à envisager sérieusement un changement de paradigme, en renonçant à une partie de leur pouvoir, en prenant du recul et en contribuant à favoriser cette transition. L'objectif ultime de cette initiative est de faire pencher la balance du pouvoir dans le secteur du développement vers un modèle plus juste et plus équitable, centré sur les individus. Cela implique de démontrer comment les ressources locales, souvent négligées, peuvent avoir un impact significatif sur les communautés locales. Ultimement, *#ShiftThePower* sensibilise à l'échelle mondiale au déséquilibre des pouvoirs dans les secteurs du développement et de l'aide humanitaire. Il s'agit d'un mouvement qui implique différentes catégories de parties prenantes sur un spectre diversifié en fonction du pouvoir qu'elles exercent ou qu'elles sont perçues comme exerçant. Cela va des bailleurs de fonds aux acteurs de niveau intermédiaire tels que les organisations non gouvernementales internationales (ONGI), en passant par les organisations dans les pays et les communautés d'Afrique. Au-delà de la sensibilisation, l'appel au transfert de pouvoir met en évidence les rôles et les responsabilités de ces différentes parties prenantes quant à leur contribution au déséquilibre des pouvoirs qui est décrié. Il met également l'accent sur les actions qu'ils doivent entreprendre pour garantir une relation de pouvoir juste et équitable dans le secteur du développement. Ce faisant, les différents acteurs prennent de plus en plus conscience et s'approprient leurs responsabilités pour faire évoluer le pouvoir de différentes manières.

En plus de l'action de plaidoyer à l'échelle mondiale, *#ShiftThePower* met également l'accent sur le renforcement de la crédibilité, de la légitimité et de la durabilité des acteurs locaux de la société civile, en bâtissant des relations de confiance et en mobilisant des ressources avec eux. Cela implique de tisser des liens de confiance avec les communautés et le public, afin de s'attaquer aux déséquilibres de pouvoir entre les gouvernements et les organisations de la société civile (OSC) dans les pays du Sud. On observe de plus en plus une interconnexion entre les discussions sur le transfert de pouvoir et l'agenda de la localisation (WACSI, 2021)[1].

RINGO : Réduire le pouvoir des intermédiaires

Dans le cadre de l'agenda de localisation (*localization agenda*), il a été déterminé que 25 % des fonds destinés au Sud (*Global South)* n'atteignent pas leur destination. Un des facteurs qui expliquent cela réside dans le rôle des organisations intermédiaires qui absorbent une grande partie de ces ressources. Il s'est donc avéré crucial d'envisager des mesures pour sensibiliser les organisations intermédiaires à cette problématique tout en leur proposant des alternatives viables. C'est dans ce contexte que le projet *Re-Imagining the INGO* (RINGO), ré-imagination des ONG internationales, a été lancé en 2020 par Rights CoLab et WACSI, avec l'ambition de « trouver des moyens de briser le déséquilibre de pouvoir existentiel concernant qui a la capacité, les connaissances et l'expertise dans l'écosystème de développement. Il cherche à changer le discours du Nord en renforçant les capacités, en transférant les connaissances et en apportant l'expertise à la société civile du Sud. »[2] Le projet RINGO a donc une visée de changement systémique conçue pour déclencher une transformation de la société civile à l'échelle mondiale. Cette initiative est hébergée depuis 2023 par WACSI.

RINGO est parmi les premiers efforts intersectoriels visant à réimaginer le secteur en interrogeant l'objectif, les structures, le pouvoir et le positionnement des ONG internationales. L'enjeu est comment amener les intermédiaires à revoir leur système de décisions et de fonctionnement pour établir une relation de

---

[1]WACSI (2021). Localisation Agenda, Shift the Power and African Philanthropic Models in Burkina Faso, Ghana, Nigeria and Senegal, Accra, Ghana

[2]https://wacsi.org/from-innovation-to-transformation-how-ringo-is-revolutionising-global-civil-society/

pouvoir équitable. Cela est un véritable défi et nécessite, par conséquent, des solutions créatives. Ce mandat a été confié à un comité d'experts dans le cadre du *RINGO Social Lab* (laboratoire social). Ce comité travaille avec les partenaires locaux et nationaux, les bailleurs de fonds et les dirigeants des ONG internationales. RINGO adopte une approche multilatérale à l'échelle de la société civile, en faisant le pont entre les organisations, les problèmes et les zones géographiques. Pour réduire le pouvoir des intermédiaires, RINGO s'appuie sur un processus en plusieurs étapes, présenté dans son document de politique[1] comme suit :

- Identifier les obstacles au changement dans le système tels que la langue, les abus liés au genre, au racisme et au pouvoir au sein des ONG internationales qui complexifient leur tâche.
- Définir les opportunités en mettant l'accent sur une localisation accrue et un pouvoir ascendant plus grand des organisations de la société civile nationale et infranationale.
- Développer des prototypes d'actions pour modifier les dimensions systémiques importantes telles que le pouvoir, la collaboration ou la langue. Les prototypes sont hébergés par diverses organisations pour soutenir le développement, l'intégration et la mise à l'échelle des idées afin de renforcer l'écosystème de la société civile.
- Proposer et tester les solutions innovantes dans différents contextes à travers les prototypes. Par exemple, le prototype sur la langue et la communication s'emploie à identifier les termes et expressions (néocoloniaux, sexistes ou racistes) qui véhiculent des connotations péjoratives et qui créent et maintiennent le déséquilibre du pouvoir dans l'écosystème. L'objectif est de sensibiliser les individus à leur utilisation et de les dissuader de les employer.

Cette initiative RINGO est à ses débuts. Toutefois, WACSI, avec ses partenaires, nourrit de grandes ambitions avec cette initiative, notamment le renforcement du pouvoir à la base qui permettra aux acteurs nationaux et locaux de participer plus activement au processus de changement, d'occuper l'espace avec

[1]Source : https://rightscolab.org/wp-content/uploads/2021/06/RINGO-Inception-Workshop-Report.pdf

aisance et de prendre le pouvoir. Cela permettrait de « ranimer » la confiance entre ces acteurs locaux et les ONG internationales. D'autre part, les ONG internationales doivent reconnaître leur héritage de domination et renoncer à ce pouvoir en s'engageant délibérément à transférer les connaissances et à partager les ressources pour soutenir le processus de changement.

Mobilisation des ressources internes

Pour réduire le déséquilibre de pouvoir, il est important de réduire la dépendance aux ressources externes. La dépendance au financement externe est un enjeu majeur sur le continent, et cela est plus accentué au niveau de la philanthropie institutionnelle. La plupart des organisations de la société civile (OSC) reçoivent leur financement via les subventions internationales. Les levées de fonds internes représentent, pour l'instant, moins de 5 % des sources de financement des OSC en Afrique de l'Ouest en particulier. En conséquence, WACSI a perçu que l'une des façons de réduire cette dépendance est de favoriser la mobilisation des fonds en interne. Cette démarche implique principalement de mettre en valeur les compétences et les capacités des acteurs locaux à travers des initiatives collaboratives et des financements locaux.

La levée de fonds locale revêt dès lors une importance capitale, car elle offre aux organisations et aux communautés locales la possibilité de devenir les acteurs de leur propre développement. Ce processus favorise non seulement une plus grande autonomie, mais aussi une appropriation accrue des projets par les populations concernées. En outre, le financement local facilite l'échange d'outils et de techniques entre les différentes entités, dans le cadre d'une mutualisation des connaissances et des compétences. Une telle approche permet aux organisations locales de cocréer des instruments adaptés, en vue de mobiliser efficacement les ressources disponibles dans leur environnement immédiat. Elle contribue à une prise de conscience croissante pour de nombreuses organisations de transcender leur dépendance vis-à-vis des financements externes. WACSI a donc soutenu plusieurs initiatives pour impulser la levée de fond locale *(local fundrasing), Resource Link Foundation* (RLF) au Ghana.

Tout d'abord, l'initiative *Survivors Solidarity Fund* (SSF), lancée en 2020 en Sierra Leone, a réussi à amasser 100 000 dollars US en l'espace de six semaines. Cet argent a été réparti entre différentes organisations sierra-léonaises, avec pour objectif de lutter contre les violences fondées sur le genre, notamment les causes profondes du viol dans le pays. C'est la première fois qu'une telle initiative de financement est créée en Sierra Leone par des Sierra-Léonais. Plusieurs célébrités ont contribué comme ambassadeurs, notamment Isha Sesay qui est journaliste à la chaîne américaine CNN, et Idris Elba un célèbre acteur britannique qui est d'origine sierra-léonaise. La stratégie de communication adoptée par le projet était basée sur la transparence et l'information du public sur l'utilisation de chaque centime donné. Cela a contribué à renforcer la confiance des contributeurs et a encouragé davantage les dons.

We Can Clean up Our Town Foundation est une autre initiative philanthropique axée sur la communauté, créée pour relever les défis persistants des inondations et de la pollution de l'environnement causés par les changements climatiques et les actions anthropiques dans les terres d'Igala au Nigéria, en particulier dans la communauté d'Anyigba. Cette initiative a débuté dans un village par la bonne volonté d'un seul individu avec ses proches. Par la suite, les autres habitants du village ont rejoint la cause qui a été étendue aux ressortissants du village dans la diaspora. Avec une population estimée à 2 millions d'habitants, les Igalas occupent neuf zones d'administration locale de l'État de Kogi sur une superficie totale d'environ 13 665 kilomètres carrés. L'objectif global de cette initiative était d'amener les habitants de l'État de Kogi à contribuer à la propreté de la ville. Un appel a donc été lancé aux habitants pour qu'ils versent 100 nairas par an afin de soutenir cette initiative. L'équipe chargée de cette initiative a eu recours à de multiples approches pour réunir les ressources nécessaires. Les collectes des jours de marché ont été l'une d'entre elles. À la surprise générale, les femmes du marché et les propriétaires de petites entreprises ont donné plus que le minimum requis pour soutenir l'initiative. Entre mars 2020 et mai 2021, plus de 10 millions de nairas de dons en espèces ont été reçus et une multitude de contributions non financières ont été apportées. Plus important encore, le sentiment d'appartenance des populations locales à cet objectif de contribuer à la propreté de leur environnement est digne d'éloges. La contribution physique des hommes et des femmes au nettoyage de la ville au cours de la période est estimée à 14 millions de nairas. Cela a permis d'améliorer la propreté de la ville, d'ouvrir l'écoulement des eaux et donc de réduire les inondations qui se produisaient dans la ville avant cette initiative.

Enfin, le *Resource Link Foundation* (RLF) est une organisation ghanéenne à but non lucratif, créée dans le but de transformer et d'améliorer le niveau de vie des personnes démunies grâce au plaidoyer et au renforcement des capacités. Elle couvre plusieurs régions et districts du pays. L'organisation a pris conscience de la nécessité d'œuvrer à l'amélioration des résultats scolaires des écoliers. L'organisation a célébré son 10e anniversaire et a profité de l'occasion pour identifier les moyens de contribuer à l'amélioration des performances des élèves et des étudiants aux examens publics. Elle a ensuite organisé le premier festival de la lecture. Pour ce faire, l'organisation a capitalisé sur une approche multipartite pour collaborer avec les institutions du secteur privé, les agences gouvernementales et les autorités traditionnelles afin de mobiliser des ressources (financières, techniques, matérielles et morales) pour organiser le festival de la lecture. Cette démarche a permis de mobiliser 3 000 USD en espèces et 1 034 USD en contributions non monétaires. Cela leur a permis d'organiser l'événement à l'échelle souhaitée et sur la base des attentes qui étaient réalisables et définies par la fondation Resource Link.

Conclusion

S'il y a consensus autour de la nécessité de réduire le déséquilibre de pouvoir pour libérer le potentiel d'impact de l'écosystème philanthropique sur la résolution des problèmes de société en Afrique, les façons d'y arriver restent encore un défi. Les actions des mouvements internationaux (*decolonizing, localization*, etc.) et des acteurs locaux telles que celles de WACSI vont certainement y contribuer. Toutefois, cela demandera des changements structurels importants qui ne se limitent pas uniquement à l'effort de la part des acteurs internationaux à changer de logique d'intervention, à se réorganiser et à se reconfigurer pour répondre à cette nouvelle demande. Les mêmes efforts devront certainement être faits par les acteurs locaux pour établir une collaboration donateur-bénéficiaire qui soit bénéfique pour toutes les parties. Les OSC doivent être conscientes des ressources qu'elles possèdent et les exploiter comme des atouts nécessaires pour compléter toute forme de soutien extérieur. Sans cette reconnaissance, les OSC ne parviendront que très peu à valoriser leur potentiel et à reconnaître l'importante valeur ajoutée qu'elles peuvent apporter en modifiant les rapports de force dans le secteur. Les OSC doivent également consacrer un effort conscient à la conception et à l'élaboration d'outils et de techniques adaptés au contexte qui ont fonctionné et qui peuvent fonctionner pour elles.

En outre, les OSC doivent documenter leurs expériences qui démontrent un déséquilibre de pouvoir avec les parties prenantes ou celles qui démontrent une nature équitable avec leurs partenaires. Le fait de documenter ces expériences et d'indiquer les caractéristiques et les qualités des relations qui leur permettent d'être catégorisées comme favorables ou défavorables, peut permettre aux acteurs du secteur de continuer à définir les éléments à prendre en compte pour garantir des partenariats équitables et justes au sein du secteur.

La philanthropie évolue au gré des changements mondiaux. Il revient aux acteurs de l'écosystème de redéfinir les règles du jeu et de proposer de nouvelles façons de collaborer en confiance. « La narration et la documentation sont extrêmement importantes pour faire évoluer les récits, pour faire évoluer le pouvoir d'utiliser notre diversité comme pouvoir (…) C'est le rôle de la philanthropie africaine de perturber les discours qui dictent la manière dont la philanthropie doit être pratiquée sur le continent »[1].

---

[1]https://philanthropycircuit.org/insights/powerful-quotes-from-speakers-of-the-apn-assembly-2022

La dynamique de pouvoir inégale et inéquitable qui existe entre le Nord et le Sud se reflète profondément dans la philanthropie mondiale. Le Nord jouit d'un immense contrôle sur l'élaboration des politiques mondiales, ce qui a un impact direct sur les pays du Sud (…) La philanthropie mondiale est le miroir de l'ordre mondial. Il n'y a pas de responsabilité, pas de transparence ni de représentation, les connaissances et les contextes locaux sont dévalorisés et les bénéficiaires sont traités avec peu de respect dans la plupart des cas. La culture de la dépendance créée par la philanthropie mondiale et le développement international est l'un des moyens par lesquels le fossé Nord-Sud renforce la dynamique du pouvoir »[1].

Références bibliographiques

Jamieson, R. (2020). Decolonizing philanthropy: Building new relations. *IN CANADA LANDSCAPES, INDIGENOUS PERSPECTIVES AND PATHWAYS*, 157.

Kumi, E., Yeboah, T., Afadzinu, N., Hodgson, J., Emerhi, E., Vandyck, C., ... & Fomunjong, J. C. (2021). *Localisation Agenda, Shift the Power and African Philanthropic Models in Burkina Faso, Ghana, Nigéria and Senegal.* West Africa Civil Society Institute (WACSI).

Villanueva, E. (2021). *Decolonizing wealth: Indigenous wisdom to heal divides and restore balance.* Berrett-Koehler Publishers.

Wong, N., & McGrath, A. (2020). Building a trust-based philanthropy to shift power back to communities. *Stanford Social Innovation Review (SSIR). Retrieved April, 6*, 2023.

[1]Traduction libre de Gul Rukh Rahman (18 Mai 2022) https://thephilanthropist.ch/en/decolonizing-the-philanthropic-mindset/

CHAPITRE 12

Comprendre et renforcer les écosystèmes philanthropiques en Afrique

Aude Anquetil[1]

À la fin de l'année 2021, WINGS a engagé une collaboration avec TrustAfrica, le East Africa Philanthropy Network (EAPN) et plusieurs autres partenaires africains[2], afin de mieux comprendre l'état de l'écosystème philanthropique en Afrique de l'Est et de l'Ouest. Cette initiative visait à renforcer l'écosystème local en utilisant une méthodologie de cartographie participative développée par WINGS[3]. Les efforts, d'abord tournés vers l'identification des acteurs principaux de l'infrastructure philanthropique dans ces deux régions, ont permis de mettre en lumière des pistes concrètes pour renforcer le secteur et proposer une vision collective du rôle central que la philanthropie locale peut et doit jouer à l'avenir pour répondre aux enjeux du territoire. Ce projet de cartographie, une première du genre sur le continent, a permis non seulement de développer une vision d'ensemble des acteurs existants[4], mais également d'identifier des actions de renforcement régionales spécifiques. Dans ce chapitre nous présentons cette initiative, ainsi que les principaux enseignements tirés.

---

[1]Aude Anquetil fut en charge de la coordination du développement des écosystèmes philanthropiques chez WINGS.

[2]Entre autres, le African Philanthropy Forum, African Philanthropy Network, African Venture Philanthropy Alliance, CAPSI, CivSource, Foundation for Civil Society, Global Fund for Community Foundations.

[3] https://buildingthepse.wingsweb.org/

[4] https://wingsweb.org/en/philanthropy-support-ecosystems-africa

WINGS et son approche de renforcement des écosystèmes

WINGS est un réseau global d'acteurs engagés au renforcement de la philanthropie à travers le monde. Réunissant plus de 220 acteurs de l'infrastructure philanthropique (*philanthropy support organizations*, PSO) à travers 60 pays, le réseau est actif depuis plus de 20 ans. L'un des objectifs de WINGS et de ses partenaires sur le terrain, est de démontrer l'impact que ce secteur peut avoir, aux côtés des secteurs public et privé, pour répondre aux enjeux critiques que rencontrent nos sociétés. En conformité avec ce mandat de représentant et de porte-voix du secteur, WINGS a développé plusieurs méthodologies permettant de comprendre, d'évaluer et de renforcer les écosystèmes philanthropiques à travers le monde (*Philanthropy Support Ecosystem,* PSE), à savoir l'ensemble des interactions entre acteurs qui permettent de soutenir une philanthropie ambitieuse. WINGS a théorisé ces approches dans son travail de recherche et notamment son modèle des « 4C », reprenant les quatre piliers que l'on retrouve dans tout écosystème philanthropique fort, équilibré et résilient :

Capacité : Un écosystème dont les acteurs sont capables de continuer à faire grandir les ressources disponibles pour les projets à impact sur le territoire en renforçant les expressions de générosité locale, internationale, transfrontalière, monétaire, de temps (bénévolat) ou autre.

Compétences : Des acteurs présents et engagés autour de l'enjeu du renforcement de compétences des acteurs et individus au sein du secteur en termes de leadership, d'évaluation d'impact, de capacités organisationnelles, d'échange de bonnes pratiques…

Connexion : Un réseau d'acteurs connectés par l'entremise de diverses plateformes d'échange et d'espaces de rencontre (événements, conférences, réseaux, etc.) créant la connectivité nécessaire pour faciliter les collaborations.

Crédibilité : Un secteur qui arrive à asseoir sa crédibilité et son impact, notamment auprès de partenaires externes (donateurs, secteur public et privé), à travers l'existence de standards de transparence (accréditations, audits, etc.) facilitant la confiance dans les acteurs et dans leur capacité à s'engager.

Ce cadre des 4C a été la base de référence sur laquelle les équipes ont démarré le travail de cartographie pour identifier les acteurs et fonctions les plus représentés en Afrique de l'Est et de l'Ouest, et poser un cadre pour faciliter les discussions en groupe afin de définir les contours de cet écosystème mouvant et pluriel.

Comprendre l'écosystème philanthropique de l'Afrique de l'Est et de l'Ouest

Le projet avait deux grands objectifs : d'une part rendre plus visible les acteurs de l'infrastructure philanthropique pour rendre compte de la multitude d'organisations travaillant à mobiliser les ressources locales au quotidien, d'autre part inciter les fondations, notamment africaines, à engager des échanges avec ces acteurs, notamment dans le cadre de partenariats financiers. Ce projet avait pour vocation de répondre à une question simple : *si les acteurs de l'écosystème philanthropique africain étaient plus visibles et les collaborations entre eux plus fortes, verrait-on s'amorcer une transition vers l'obtention de plus de financements, notamment locaux pour ces acteurs ?* En effet, l'infrastructure philanthropique souffre de deux grands défis :

- Elle est globalement sous-financée aux vues des besoins immenses auxquels la philanthropie est amenée à répondre aujourd'hui, aux côtés des secteurs publics et privés. Selon l'OCDE, les pays en développement sont confrontés à un déficit de près de 4 200 milliards de dollars pour atteindre les Objectifs de développement durable (ODD). Les gouvernements et le secteur privé restent les moteurs les plus puissants en termes de mobilisation de capitaux, mais la philanthropie a un rôle critique à jouer, notamment à travers l'activation de son capital, mais également son réseau, sa compréhension des interventions autour du développement et son maillage sur les différents territoires[1].

- Les acteurs philanthropiques africains sont principalement financés par des acteurs extérieurs au territoire. En effet, de nombreux réseaux ont vu le jour sous l'impulsion de financement de fondations internationales, notamment américaines. Aujourd'hui, dans un contexte fort de réflexion et d'action autour de la localisation des ressources et de mouvements de fonds tels que *#ShiftThePower* (transformer la relation de pouvoir), il est essentiel d'opérer une transition fondamentale des modes de financement de cet écosystème, pour passer d'un système dépassé aux conditions d'un développement local plus soutenable et pérenne, ceci notamment aux vues des ressources grandissantes sur le continent africain.[2]

WINGS, à travers ce projet, a engagé un certain nombre d'actions entre 2021 et 2023 pour mieux comprendre le paysage des acteurs, les principaux enjeux et les recommandations des acteurs locaux pour répondre aux défis présentés ci-dessus. Ces actions ont été envisagées dans une dimension collaborative et inclusive, mobilisant des chercheurs africains, et cherchant à mobiliser une multitude d'acteurs locaux, régionaux, nationaux et panafricains. Ainsi après plusieurs mois de recherche documentaire, WINGS et ses partenaires locaux ont conduit des entrevues auprès d'une trentaine d'experts en Afrique de l'Est et de l'Ouest, organisé des rencontres en personne à Dakar et Nairobi pour confronter les points de vue et co-construire la cartographie de l'écosystème philanthropique. Au fil des échanges, entrevues et autres travaux de groupe menés tout au long de cette phase pilote, nous avons cherché à engager les fondations locales pour leur donner à voir la richesse, le dynamisme et la vision de tous ses acteurs. L'hypothèse émise était la suivante : le manque de visibilité des acteurs philanthropiques et une incompréhension de leur rôle

---

[1]https://www.sdgphilanthropy.org/Unlocking-the-Potential-of-Philanthropy-for-the-SDGs
https://sustainabledevelopment.un.org/hlpf/2019/philanthropy

[2]https://scholarworks.iupui.edu/server/api/core/bitstreams/efa8f693-ae28-423d-b7bd-cd4ec7725e68/content

expliquaient en partie le fait que ces fondations locales ne soient pas plus intéressées à soutenir l'écosystème local. Finalement c'est plutôt l'enjeu de la transparence qui est ressorti des échanges comme raison principale expliquant que de nombreuses fondations africaines financent aujourd'hui plus facilement des grandes ONG internationales au détriment d'organisations locales. Les multiples échanges nous ont aussi permis de mieux comprendre les modalités de fonctionnement de ces fondations locales, et le fait qu'une si grande proportion soit en fait des fondations distributrices[1] et, à ce titre, moins en recherche de projets à financer que de ressources à déployer.[2]

Cartographie des écosystèmes

Le projet de cartographie s'est focalisé dans un premier temps sur l'identification des acteurs de l'infrastructure philanthropique au Bénin, au Burkina Faso, en Côte d'Ivoire, au Nigéria, au Sénégal et au Togo pour l'Afrique de l'Ouest ; au Kenya, en Tanzanie, en Ouganda et au Rwanda pour l'Afrique de l'Est[3].

La cartographie ne visait pas à inclure les associations sur le terrain, ni les fondations et philanthropes locaux, mais plutôt les acteurs travaillant à connecter, accompagner, soutenir les fondations et les philanthropes, à tous les niveaux, qu'ils soient de grands, de moyens ou de plus modestes donateurs. Avec une taxonomie complète de près de 18 catégories différentes, le travail de classification a été plus complexe qu'escompté. En effet, les organisations et fonctions identifiées ne collaient souvent pas à ce cadre défini, qui semble davantage adapté aux écosystèmes européens ou nord-américains. Il faut dire que la

---

[1]D'après l'Observatoire de la Philanthropie de la Fondation de France, les fondations distributives « se consacrent au financement et à l'accompagnement de projets qui leur sont extérieurs par la distribution de subventions à des associations, des institutions ou groupes, et de bourses ou de prix à des personnes physiques (chercheurs, étudiants…). »

[2] https://www.bridgespan.org/insights/landscape-of-large-scale-giving-in-africa

[3]Les ressources (en anglais) sont disponibles aux liens ci-dessous et ici : https://wingsweb.org/en/philanthropy-support-ecosystems-africa

méthodologie est plus appropriée pour regarder les formes organisées de philanthropie que les formes 'invisibles' et organiques d'aide mutuelle. Cela est tout autant vrai en Afrique qu'en Europe ou en Amérique du Nord. Le défi aurait certainement été le même si on cherchait à cartographier toutes les formes de soutien à la philanthropie informelle aux États-Unis. Toutefois, l'aide mutuelle aux É.-U. reste relativement marginale ou dans une plus faible proportion par rapport aux dons plus « classiques » alors qu'elle est beaucoup plus une norme en Afrique. De plus, le travail de terrain nous a fait réaliser que la porosité est plus forte en Afrique qu'ailleurs. C'est une des caractéristiques de cet écosystème et de la manière dont la philanthropie s'exprime sur ce continent. Nous avons noté qu'il n'y a pas de frontière claire entre le monde des associations et celui des fondations. Plusieurs fondations investissant en Afrique ont partagé avec nous que leurs meilleures recommandations venaient quasiment toujours de leurs partenaires associatifs et non d'autres fondations. D'autres fondations opératrices nous demandaient conseil sur comment lever des fonds, et non comment les déployer. Beaucoup d'acteurs associatifs se font appeler Fondation, les conseillers philanthropiques prennent les habits d'avocats d'affaires et les formations professionnelles dédiées à ce secteur sont souvent extrêmement limitées, poussant les talents de ce secteur à se former dans des institutions plus classiques (écoles de gestion, par exemple) sans une connaissance de base approfondie.

En menant ces deux projets en parallèle, nous avons pu mettre en lumière plusieurs similitudes et différences :

- **Une multitude d'acteurs :** Les deux projets de cartographie ont fait émerger près de 500 acteurs dans chacune des zones allant de groupes communautaires aux chapitres locaux du Rotary, de programmes universitaires à des associations de chercheurs, de sociétés de conseils aux plateformes de collecte en ligne et autres. Le projet s'est attaché à interroger une multitude d'acteurs tant au niveau local que régional pour collecter ces informations expliquant la grande diversité dans les types d'organisations qui sont remontées de cette cartographie participative.

- **Une générosité aux formes multiples :** Cette grande diversité d'acteurs a fait aussi apparaître la richesse des formes de philanthropies sur le territoire, qu'elles soient de l'ordre de la solidarité communautaire et dons entre personnes, de la philanthropie plus structurée des fondations d'entreprises ou encore celle d'autres acteurs plus institutionnels. Au Kenya, par exemple, où l'infrastructure philanthropique est particulièrement développée, on voit des groupes allant de Future First (focalisé sur la solidarité au sein de communautés d'anciens diplômés/alumni), à la Kenya Diaspora Alliance (travaillant à rassembler les associations de la diaspora) jusqu'au SDG PP (groupement public/privé travaillant à l'atteinte des ODD) ou encore un acteur tel que Impact Philanthropy Africa (réseau de fondations d'entreprises et familiales).
- **Des réseaux forts au niveau panafricain:** Le travail de cartographie sur les deux régions en parallèle a permis de mettre en exergue un groupe de « super connecteurs » travaillant à la consolidation des efforts de renforcement du secteur. TrustAfrica, CAPSI, le African Philanthropy Forum, African Philanthropy Network ou encore le East Africa Philanthropy Network sont les architectes centraux de ces efforts. La conférence africaine sur la philanthropie qu'ils organisent de manière collaborative annuellement en est un parfait exemple. Ces organisations se démarquent clairement par leur leadership et leur vision pour le secteur. Ils sont les éléments moteurs de la transformation qui s'opère en termes de structuration et de professionnalisation du secteur.
- **Des réseaux et espaces d'échanges limités en Afrique de l'Ouest :** Contrairement à l'Afrique de l'Est, le manque d'une plateforme de rencontres et d'échanges est mis en évidence à la fois dans le travail de recherche documentaire, dans les entrevues menées et dans les travaux de groupe. De nombreux participants ont souligné le besoin de voir émerger un acteur régional à l'instar du East Africa Philanthropy Network, pour rassembler les acteurs dans la région.
- **Peu de cursus dédiés à la formation professionnelle des talents de ce secteur :** Le besoin de formations professionnelles tant au niveau des études que tout au long des carrières a été également souligné. Au-delà de l'institut CAPSI

qui propose des programmes de formation dédiés à la philanthropie africaine ou les Associations burkinabè de Fundraising présentes au Burkina Faso et au Kenya par exemple, beaucoup des acteurs de ce secteur sont encore trop souvent formés en dehors du continent, ou sur le terrain directement et bénéficient d'assez peu de soutien en termes de développement professionnel ce qui freine la professionnalisation du secteur.

- **Un besoin d'investir dans des initiatives autour de la transparence et du plaidoyer** : Pour les deux zones géographiques, l'importance de militer pour un cadre fiscal et légal plus propice au développement de la philanthropie locale s'est fait entendre. Des acteurs comme CivSource-Africa, ou encore le Kenya Community Development Foundation sont parmi ceux qui investissent dans des actions de plaidoyer communes et autres projets de recherche sur ces questions légales et fiscales. D'autres, comme EPIC-Africa et StartPoint-African Philanthropy Forum s'attellent à créer des bases de données pour référencer les associations locales de confiance et encourager les donateurs locaux et internationaux à investir dans les talents locaux. Il reste encore beaucoup à faire pour convaincre plus de financeurs et d'acteurs à participer à cet effort qui doit être collectif et d'envergure.

Vers un renforcement des écosystèmes africains

Prendre en compte de la philanthropie informelle et décoloniser les approches

Aucune conférence sur la philanthropie en Afrique ne démarre sans qu'un participant ne lève la main, en posant cette question à l'audience : « Ne faudrait-il pas que l'on définisse d'abord ce qu'on entend par philanthropie africaine ? ». Et en effet, le terme philanthropie, solidarité, ou générosité, existe dans toutes les cultures africaines, tous les dialectes, toutes les communautés à travers le continent. Les expressions sont nombreuses : *ubuntu* en Afrique du Sud, *teranga* en wolof, *usaidizi* ou encore *udungu* en Swahili et sont presque toujours impossibles à traduire tant cette notion de générosité s'étend à l'accueil de l'autre, l'assistance à autrui, mais aussi l'humanité profonde et cette idée fondamentale que le « je » n'existe que par le « nous ».

À cette générosité profonde et centrale qui s'exprime le plus souvent dans le cercle familial ou communautaire et souvent sans intermédiation (aide mutuelle – *mutual aid,* ou philanthropie communautaire – *grassroots philanthropy*) s'ajoute des facettes plus récentes telles que la philanthropie d'entreprise, la philanthropie institutionnelle, la *venture* philanthropie et l'*impact investing* qui prennent des formes plus structurées, notamment à travers les véhicules par lesquels elles s'expriment.

Ces formes de générosité, d'une part informelle et de l'autre plus institutionnalisée ou « formelle », semblent a priori complémentaires. Et pourtant, des visions radicalement différentes de la philanthropie s'y opposent. D'un côté, il y a une générosité qui s'exprime comme une composante essentielle et partie intégrante d'un mode de vie (bien illustré par le terme *Niokobok* en wolof signifiant que ce que je donne « nous appartient à tous »), de l'autre elle est la résultante d'un « surplus » de ressources une fois que d'autres besoins, estimés plus prioritaires, sont assouvis (les enjeux d'une entreprise ou à d'autres considérations individuelles plus statutaires, par exemple).

Figure 1 : Extrait du rapport produit par WINGS et East Africa Philanthropy Network dans le cadre du pilote en Afrique de l'Est (les expressions philanthropiques en Afrique de l'Est).

	Langage	**Expression de la philanthropie**
Afrique de l'Est	Swahili	Usaidizi, musalgambo, udungu, utu, ubuntu, ubinadamu, udhisani, harambe
Kenya	Kamba	Utethyo
Rwanda	Kinyanwanda	Gutanga
Ouganda, Rwanda	Buganda, Kinyanwanda	Omuganda, Obuntubulamu
Kenya, Ouganda	Teso	Agangata
Kenya	Kikuyu	Utugi

Ouganda, Kenya, Tanzanie	Luo	Kony, Koni
Tanzanie	Swahili	« mchango wa harusi » ou pour les funérales « rambirambi », etc.

Dans cet « affrontement » du formel en opposition à l'informel se pose naturellement la question de ce qui compte ou ne compte pas, et de qui détermine — en tant que société — la valeur des actions, des transactions, des acteurs et des rôles. La philanthropie est souvent valorisée dans nos sociétés dans sa seule dimension monétaire sans forcément prendre en compte d'autres systèmes de valeur. « *Il ne s'agit pas de donner au-delà de la dimension monétaire, il s'agit de valoriser ce qui n'est pas d'ordre monétaire*[1] » comme nous l'a souligné une participante à la session de présentation du projet en mai 2022. Ainsi, il n'est pas surprenant que lorsque les chercheurs et autres praticiens dans notre secteur interrogent des acteurs au sujet des « grands philanthropes » du continent, les Dangote et Elumelu, ces milliardaires africains rendus célèbres par leurs actions philanthropiques, soient automatiquement mentionnés au lieu des centaines de grands-mères à travers le continent par exemple qui ont accueilli les orphelins de la crise du VIH ou encore les milliers de familles ayant hébergé chez elles un neveu ou une nièce pour leurs études. Il y a une philanthropie visible et invisible, et une grande inégalité encore aujourd'hui dans le narratif, l'attention et la valeur portée aux deux[2].

Parmi les défis qui sont apparus tout au long de ce projet s'est évidemment dégagée la question de la prise en compte ou non de toute cette philanthropie dite informelle qui caractérise tant la solidarité africaine. Nos partenaires sur ce projet ont souvent souligné le paradigme dominant dans notre secteur consistant à valoriser la structuration et la formalisation des échanges et des acteurs qui génère beaucoup de frustration lorsqu'il est appliqué dans d'autres régions du monde, comme l'Amérique latine,

---

[1] It's not about giving beyond money, it's value beyond money

[2] https://www.alliancemagazine.org/interview/sarah-mukasa-on-african-philanthropy-and-why-trust-matters/

l'Afrique ou encore l'Asie. Une question qui se pose et qui reste à explorer est comment cartographier une infrastructure d'échange basée sur des transactions souvent en espèces et entre personnes. L'explosion des plateformes technologiques telles que M-Pesa ou M-Changa nous permet d'appréhender que cette générosité s'exprime au quotidien dans toutes les sphères et à travers tout le continent, mais elle reste difficile à mesurer. Son étendue et envergure demeurent encore à ce jour mal comprises.

Il existe également un enjeu de relation avec les intervenants internationaux dans ces écosystèmes philanthropiques africains. Certains acteurs locaux réclament une amélioration de cette relation avec les acteurs internationaux qui subventionnent les actions sur le terrain, notamment renforcer le pouvoir des acteurs locaux. Nous avons fait l'expérience de cet enjeu de relation lors de cet exercice de cartographie de l'écosystème.

En se lançant dans ce projet de cartographie participative en tant qu'observateur plutôt qu'expert de la zone, nous avons noté que les injustices passées et présentes sur le continent africain empêchent parfois le dialogue d'avancer de manière constructive. Avoir été « l'étrangère » (intervenante internationale) au sein de ce projet mené avec nos partenaires régionaux, nous a permis d'identifier nos propres biais. Nombreux sont nos interlocuteurs qui nous ont poussés avec douceur et fermeté à prendre conscience de nos propres biais, et nous rendre compte que le poids des mots, des cadres, de la manière dont on raconte l'histoire est loin d'être anodin. Cela nous a forcés à réévaluer avec beaucoup d'humilité notre rôle, nos outils, ce que nous pouvions apporter en tant que réseau global, de nouvelles manières que nous pouvions imaginer, de même qu'adapter nos équipes et ressources pour mieux répondre aux enjeux que traverse notre secteur. C'est une transformation profonde que nous devons tous opérer pour pouvoir avancer vers une société plus juste et équitable.

Dupliquer les efforts pour être plus résilient

Éviter la duplication des efforts se fait souvent au prix de la résilience des écosystèmes. Dans les conversations avec des fondations, locales ou internationales, sur les enjeux de financement de l'écosystème, la question de la redondance a souvent été abordée. « Pourquoi autant d'acteurs ? Pourquoi ne travaillent-ils pas plus ensemble ? Ne faudrait-il pas qu'ils fusionnent ? » Quelle mauvaise interprétation du rôle essentiel que chacun joue ! Regardons les marchés philanthropiques comme l'Amérique du Nord ou l'Europe : il y a des centaines d'acteurs en soutien à la philanthropie, de cabinets de conseils, d'agences d'accréditations, de communautés de donateurs divers et variés…

L'obsession que nous avons pour la centralisation et la coordination des efforts fait souvent du tort aux écosystèmes puisqu'ils sont bien plus résilients quand les acteurs et connexions sont nombreux. La redondance—des acteurs, des services, des personnes—permet de créer des écosystèmes plus solides et capables de faire face aux crises éventuelles. Là où les systèmes centralisés (A) peuvent rapidement se trouver en péril si les principaux facilitateurs/connecteurs font défaut, un système distribué (C) permet à la multitude d'acteurs d'emprunter divers chemins pour connecter aux ressources, créant une fluidité essentielle à la résilience. Le résultat dommageable de cette incapacité à reconnaître l'importance et la valeur de cette redondance mène à un sous-financement structurel de tous les acteurs de l'infrastructure (en Afrique, mais aussi ailleurs), qui souffrent de ne pas pouvoir opérationnaliser leurs visions, et donc leurs actions, et par ricochet les écosystèmes dont ils font partie. Il faut favoriser l'émergence d'une diversité d'acteurs philanthropiques complémentaires qu'on observe d'ailleurs depuis plusieurs années en Afrique avec l'arrivée du African Philanthropy Forum (APF, ciblant les fondations familiales) et le African Venture Philanthropy Alliance (AVPA) par exemple (plus tourné vers les investisseurs à impact et fondations d'entreprises). Dans une logique d'écosystème, diversité rime avec complémentarité et synergies. Il est donc essentiel que la diversification des acteurs de soutien à la philanthropie se fasse dans une logique de collaboration et d'interconnexion et sur la base d'une vision stratégique et collective des investisseurs qui soutiennent différentes parties de l'écosystème.

Figure 2 : Les configurations types des écosystèmes philanthropiques (A=Centralisé, B=Décentralisé, C=Distribué).

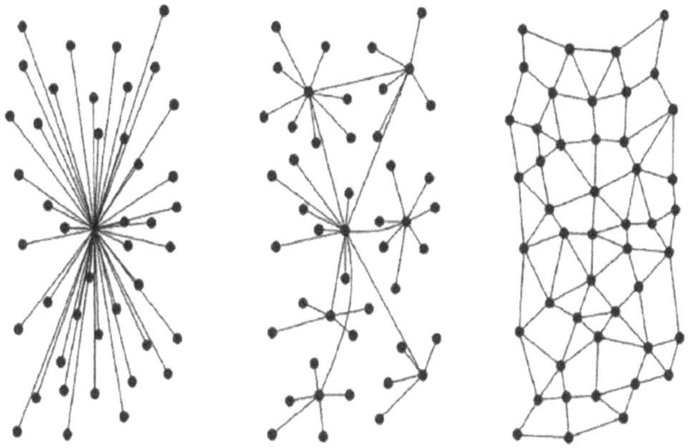

Franchir le pas vers une philanthropie catalytique

L'*altruisme* au sens littéral du terme (disposition à s'occuper de l'*autre*) fait partie intégrante de la culture africaine, qu'il s'agisse d'héberger un neveu ou une nièce pour ses études, de participer à la construction d'un dispensaire, ou d'apporter une aide alimentaire aux personnes dans le besoin… Néanmoins, tout au long du projet, nous avons aussi entendu un discours parallèle mettant en exergue les limites d'un modèle de solidarité communautaire qui peine à adresser les causes profondes des enjeux sociaux et environnementaux. Ainsi, alors que les contributions de la diaspora sont estimées à 95,6 milliards de dollars[1], soit près de trois fois le montant total de l'aide publique au développement, les efforts restent à ce jour fragmentés, ne permettant pas nécessairement de mettre en place des stratégies alignées avec les programmes nationaux ou panafricains de

---

[1] https://www.afdb.org/en/news-and-events/press-releases/diasporas-remittances-investment-and-expertise-vital-africas-future-growth-say-participants-african-development-bank-forum-57024 ;
voir aussi le chapitre d'Atari et Litalien sur le sujet dans ce livre.

développement (comme Rwanda Vision 2050 ou encore Agenda 2063 par exemple) pour créer un changement durable.

Les collaborations entre philanthropes locaux et internationaux restent également assez limitées. Une étude récente publiée par CAPSI a mis en lumière que 70 % des philanthropes africains ne collaborent pas entre eux[1]. Les raisons sont multiples et principalement articulées autour du fait que beaucoup des grandes fortunes aujourd'hui se sont constituées dans le monde de l'entreprise où la compétition est le mot d'ordre, donc généralement elles sont peu enclines à la collaboration.

Des acteurs comme le African Venture Philanthropy Alliance (AVPA) rappellent régulièrement aux acteurs de l'écosystème la puissance de la philanthropie comme capital-risque, pour permettre d'attirer d'autres formes de financements et de se donner les moyens de passer d'une philanthropie transactionnelle à une philanthropie catalytique, c'est-à-dire transformatrice).

Bâtir la transparence et la confiance dans les acteurs locaux

Un rapport[2] produit conjointement par The Bridgespan Group et le African Philanthropy Forum en juillet 2021 a mis en évidence le manque de confiance comme un des facteurs accentuant la disparité entre la capacité des ONG africaines et internationales à capter des financements internationaux et locaux. Cette recherche, basée sur une soixantaine d'entrevues avec des acteurs africains et en dehors du continent, cherchait à mieux comprendre les raisons d'un tel décalage. « Un sérieux défaut de confiance dans le leadership africain »[3] d'après la consultante Shelagh Gastrow, met en exergue, autant pour les

---

[1] https://capsi.co.za/research-reports/high-net-worth-philanthropists-case-of-three-selected-countries-mauritius-south-africa-and-zimbabwe/

[2] Disparities in Funding for African NGOs: Unlocking philanthropy for African NGOs as a pathway to greater impact. The Bridgespan Group & African Philanthropy Forum. July 2021

[3] "There is a significant lack of trust related the capacity of African NGO leadership", said independent consultant Shelagh Gastrow.

philanthropes internationaux que locaux, un narratif dominant qui fait perdurer des idées fausses sur les capacités des acteurs locaux à gérer des fonds.

Plusieurs acteurs travaillent à renforcer la crédibilité des acteurs comme EPIC-Africa qui, tous les ans, décerne plusieurs prix à des associations locales exemplaires sur un certain nombre d'aspects (*African CSO Excellence Awards)*. L'émergence de fonds redistributeurs comme le African Visionary Fund, ou encore le Gender Fund lancé par Co-Impact avec l'appui de Tsitsi Masiyiwa et du African Philanthropy Forum ainsi que des plateformes comme le *Deal Share* d'AVPA ou encore StartPoint d'APF viennent aussi renforcer ce besoin de rassurer et de mitiger le « risque » tout en investissant dans des projets locaux.

Investir dans le leadership des acteurs locaux

Nous avons beaucoup abordé la question des organisations de l'infrastructure, mais bien évidemment derrière toute organisation se trouve des hommes et des femmes. Le besoin de renforcer les capacités des acteurs, et de renforcer le leadership et les compétences locales a été souligné comme un axe fondamental à développer tout au long du projet.

D'après une étude menée par WINGS en 2017 sur les acteurs de l'infrastructure (au niveau global), la pérennité financière est l'enjeu le plus préoccupant pour les acteurs de ce secteur (72 % des membres interrogés l'ont cité) suivi de près par les contraintes en ressources humaines (cité par 65 % des membres ayant participé à l'étude)[1]. Énormément d'acteurs de cette infrastructure philanthropique, en Afrique, ainsi que dans la plupart des autres régions, fonctionnent avec des budgets et des équipes bien modestes. Néanmoins tout écosystème fort doit pouvoir s'appuyer sur un certain nombre de connecteurs, et de capacités humaines permettant de créer du lien, de connecter les individus et les organisations, de gérer la mémoire institutionnelle des organisations, notamment. Souvent sursollicitées, coincées dans un paradigme de financements très

[1]Infrastructure in Focus: a New Global Picture of Organizations Serving Philanthropy, WINGS. 2017

restrictifs, ces organisations se trouvent privées des ressources et de l'espace mental nécessaire pour imaginer faire autrement, aller à la rencontre de nouveaux acteurs et tester de nouvelles approches… Comme souligné précédemment, il est impératif et urgent d'investir dans le développement des talents locaux pour soutenir la croissance de ce secteur.

Travailler en lien avec les secteurs publics et privés

Bien qu'impressionnante dans son envergure, la philanthropie ne peut remplacer la stabilité politique, l'investissement privé, la coordination des acteurs en lien avec les politiques publiques de développement. Il faut beaucoup d'ambition pour s'engager dans ce secteur, et également faire preuve de beaucoup de réalisme concernant les leviers sur lesquels il faut pouvoir s'appuyer.

Le travail à réaliser collectivement autour du besoin de créer un environnement plus favorable à la philanthropie est ressorti à de nombreuses reprises dans ce projet, que ce soit dans la recherche documentaire ou encore les activités que nous avons pu accomplir. Il est vrai que les environnements fiscaux et légaux sont souvent plus restrictifs en Afrique[1].

Il y a une prise de conscience forte du secteur que le développement de la philanthropie locale ne pourra se faire qu'en travaillant à développer des relations plus fortes avec les pouvoirs publics et les acteurs privés et à s'assurer d'une meilleure perception de cette industrie en dehors de ces acteurs et de ces alliés. En Afrique de l'Est notamment, une des grandes recommandations ressorties du projet est le besoin de créer plus d'incitations fiscales pour que les personnes fortunées donnent plus. En Afrique de l'Ouest, plusieurs participants au projet ont soulevé le besoin d'harmoniser et de simplifier les dispositifs

---

[1]Dans le dernier index publié par la Lily Family School of Philanthropy, les scores de plusieurs pays sub-sahariens en termes de facilité pour opérer une organisation philanthropique (3,47), d'incitation fiscale (3,33), de facilité pour effectuer des dons transfrontalier (3) ou encore de contexte socio-économique (3,5) étaient en dessous des moyennes globales.

fiscaux d'inscription des acteurs philanthropiques aux registres nationaux, souvent opaques et inadaptés à leurs activités.

Figure 3 : Améliorer l'environnement favorable à la philanthropie : stratégie de plaidoyer WINGS

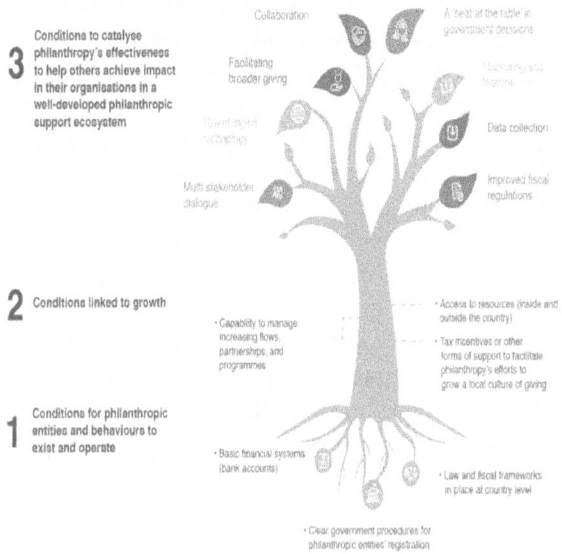

Influencer le cadre fiscal et légal régissant les échanges de ressources entre individus et organisations suppose une action de longue haleine qui doit être une priorité pour le secteur aujourd'hui, afin de porter ses fruits dans les années qui viennent et faire grandir les ressources disponibles pour les acteurs.

Conclusion : Soyons créatifs et impatients !

Comme partout, il y a des transformations qui prennent vie de manière organique, et d'autres moments où les investissements requis doivent être plus intentionnels pour permettre de façonner le chemin à parcourir. Les projets sur lesquels nous avons été engagés ces dernières années nous ont permis de mieux comprendre l'étendue de l'infrastructure philanthropique en Afrique de l'Est et de l'Ouest, sa diversité, sa multiplicité, sa richesse, et ses zones de renforcement. En définitive, nous sommes convaincus qu'en investissant de manière ambitieuse, coordonnée et ciblée dans les acteurs régionaux et nationaux de l'infrastructure philanthropique panafricaine, les avancées que cet écosystème pourra soutenir en termes de développement social, économique, climatique seront remarquables.

La transition que le secteur doit amorcer est celle d'un développement porté et soutenu par les acteurs locaux (fondations, individus et collectifs) et ceci appelle à consolider et renforcer l'infrastructure qui les soutient. Que ce soit en renforçant la crédibilité des acteurs associatifs, en travaillant à nourrir les collaborations entre philanthropes locaux et internationaux, en tissant des relations de travail plus étroites avec le secteur public et privé, en encourageant un partage de toutes les pratiques de solidarité, ou encore en mettant les agendas individuels et organisationnels de côté pour privilégier le collectif. Les voies vers un écosystème fort, résilient, soutenu localement sont toutes tracées. Reste à voir si nous saurons tous être à la hauteur du défi qui nous est posé.

POSTFACE

La philanthropie africaine, un vaste chantier en développement

Cet ouvrage est un effort très important de mise en lumière du rôle joué par la philanthropie africaine dans le développement de ce continent. Il a réussi à réunir une équipe d'experts, universitaires et praticiens, pour initier une conversation sur les enjeux propres au développement du secteur philanthropique en Afrique. Il a aussi transformé cette conversation en des synthèses fort éclairantes qui, regroupées, représentent le premier livre francophone d'envergure sur la philanthropie africaine.

Construit autour du thème « philanthropie et développement », l'ouvrage nous permet à la fois de revisiter des questions de fond, dont celle des formes diversifiées de représentation de l'agir philanthropique; de la pauvreté des données pour la décrire; de son accointance avec les pouvoirs de la domination; du besoin de la voir développer sa propre conception des changements à apporter en sol africain afin que les enjeux de justice sociale puissent non seulement être réellement entendus, mais aussi et surtout auxquels on peut répondre de façon efficace, efficiente et pertinente.

L'ouvrage a ouvert un chantier important qui consisterait à relever le défi d'une requalification de la philanthropie africaine. Pourquoi ? Afin d'en décoloniser les fondements, d'en localiser les pratiques et de répondre à la question de fond posée dans ce livre : *Quelle philanthropie pour quel développement ?*

Quelle philanthropie ?

Certainement, une philanthropie promotrice du bien vivre ensemble, pour tous et toutes, en accord avec les principes de la durabilité et de la soutenabilité. Sur ce dernier point, un complément intéressant aux analyses présentées dans ce livre pourrait porter sur la philanthropie environnementale, sa place et son importance en Afrique.

Plusieurs chapitres de ce livre laissent entendre le besoin d'aligner l'agir philanthropique africain aux objectifs millénaires du développement énoncés par les Nations Unies. Cependant, ils le font dans une perspective complémentaire à celles des objectifs du millénaire. Une perspective qui promeut un renouveau des pratiques philanthropiques où les réponses à l'urgence doivent être appuyées par des propositions structurantes au niveau de la recomposition des grands champs institutionnels que sont le marché, l'action publique et l'agir de la société civile.

Oui, il importe de répondre aux urgences et ces dernières passent par la redécouverte d'innovations liées aux modèles traditionnels africains de développement, existants avant l'entrée en scène des métropoles coloniales. Elles transitent aussi par les attentions à accorder aux innovations positives en matière de modernisation (on pense, à titre indicatif, à l'éducation et à la santé, à la démocratisation des organisations et des institutions, etc.). Elles reposent enfin sur l'exploration de nouveaux sentiers de dépendance en mesure de soutenir les efforts visant une transition sociale et écologique de nos modèles civilisationnels.

Ces voies de travail impliquent ou exigent une recomposition des rapports à l'État, au Marché et à la Société civile. Ces voies nécessitent un effort « ré-imaginatif ». À ce titre, la philanthropie a non seulement une place à occuper sur la grande scène du développement, mais aussi un rôle à bien cadrer et une fonction à bien définir dans la ré-imagination des modalités du bien vivre ensemble. Sur ce point, la combinaison des forces philanthropiques, par la mise en place d'un écosystème favorable à sa consolidation et à son expansion, est plus que nécessaire.

Cet effort imaginatif, d'une philanthropie à la mesure des problèmes de la nouvelle question mondiale, peut difficilement éviter les débats autour des enjeux d'une approche développementale « post-croissance ». Cette position critique face à la croissance et à ses apories ne représente pas une négation de l'importance du développement. Elle signifie simplement une vision du développement qui réencastrerait les processus liant les mécanismes propres à « l'évolution naturelle » à ceux déterminants de « l'évolution culturelle ».

Dès lors se pose la question suivante : une philanthropie pour quel type de développement ?

Réimaginer la philanthropie peut difficilement faire l'économie de la conception commune et de l'adoption généralisée d'une nouvelle vision de l'horizon développemental à suivre.

Les différents textes de ce livre vont en ce sens. Ils rappellent la pertinence de l'approche philanthropique et dénoncent les pratiques philanthropiques irrespectueuses des enjeux sociaux. Ils en appellent à une consolidation des approches philanthropiques promouvant la confiance, la localisation des actions et une redistribution des pouvoirs entre, d'une part, les donateurs ou donatrices, et, d'autre part, les bénéficiaires des dons. Enfin, ils invitent les acteurs de la philanthropie à proposer ou insuffler des réponses organisationnelles et institutionnelles situées à l'aune d'une éthique développementale forte des principes de solidarité, d'équité, d'altérité et de démocratie.

L'Afrique n'est plus en situation de rattrapage eu égard à son intégration aux processus propres à la mondialisation et à la globalisation. L'Afrique est partie prenante de l'économie mondiale et de la géopolitique internationale. Certes, sa place occupée sur la grande scène mondiale ne correspond pas à ce qu'elle pourrait et devrait être. Cependant, l'Afrique est du nombre des acteurs qui peuvent et doivent participer à la définition de notre futurité.

Jean-Marc Fontan
Codirecteur de PhiLab Canada,
Université du Québec à Montréal

Structures éditoriales du groupe L'Harmattan

L'Harmattan Italie
Via degli Artisti, 15
10124 Torino
harmattan.italia@gmail.com

L'Harmattan Hongrie
Kossuth l. u. 14-16.
1053 Budapest
harmattan@harmattan.hu

L'Harmattan Sénégal
10 VDN SICAP AMITIE 3
BP 45034 Dakar-Fann
direction@senharmattan.com

L'Harmattan Cameroun
Tsinga/Derrière polyclinique FECAFOOT
BP 11486 Yaoundé
Jacques.koukam@harmattan.fr

L'Harmattan Burkina Faso
Villa 281, secteur 23 623, rue 14.32
Ouagadougou
zagbie@outlook.fr

L'Harmattan Guinée
Almamya, rue KA 028 OKB Agency
BP 3470 Conakry
harmattanguinee@yahoo.fr

L'Harmattan RDC
185, avenue Nyangwe
Commune de Lingwala – Kinshasa
matangilamusadila@yahoo.fr

L'Harmattan Congo
219, avenue Nelson Mandela
BP 2874 Brazzaville
deunovmikhael@gmail.com

L'Harmattan Mali
Immeuble Mgr Jean Marie Cissé
Aci Hamadallaye
BP 145 Bamako
syllaka@yahoo.fr

L'Harmattan Togo
Djidjole – Maison Amela
face EPP BATOME
02 BP 20680 Lomé
didieramela11@gmail.com

L'Harmattan Côte d'Ivoire
Résidence Karl – Cité des Arts
Abidjan-Cocody
03 BP 1588 Abidjan
harmattan.ivoire@gmail.com

L'Harmattan Bénin
Rue 604, (Immeuble à l'entrée
de la rue UCAO- Cite de Saint-Jean)
Cotonou
stepcorpus@gmail.com

Nos librairies en France

Librairie internationale
16, rue des Écoles
75005 Paris
librairie.internationale@harmattan.fr
01 40 46 79 11
www.librairieharmattan.com

Librairie des savoirs
21, rue des Écoles
75005 Paris
librairie.sh@harmattan.fr
01 46 34 13 71
www.librairieharmattansh.com

www.ingramcontent.com/pod-product-compliance
Lightning Source LLC
LaVergne TN
LVHW011018061026
849535LV00006B/1937
* 9 7 8 2 3 3 6 5 0 4 8 4 1 *